每一天都拉開差距

1日ごとに差が開く 天才たちのライフハック

生活駭客工作術

凡人變神人，創造驚人成果

暢銷10萬冊《超譯孫子兵法》作者、企業管理書籍作家
許成準——著
方嘉鈴——譯

大是文化

目錄

第1章 專注就有力量，任何場合都一樣

第2章 創意不是天生，高手這樣訓練

目錄

第3章 每一天都拉開差距的技巧

目錄

第4章 菁英用這些習慣，戰勝壓力

第5章
因為學習，所以成功

目錄

推薦序
一個人是如何漸漸與人拉開差距的？

放棄22K，蹦跳新加坡版主／艾兒莎

以前在學校時，成績表現相差不大的同儕，為什麼畢業後幾年差距會那麼大？有些人越來越接近自己的理想生活，往勾勒的藍圖持續前進著，但有些人卻陷入迷惘挫折的迴圈，困在原地停滯不前，不知如何突破。

世界本來就是不公平的，除了先天的家庭環境條件、基因遺傳的智力之外，究竟還有什麼是我們可以靠自己掌握與改變？

後天的努力並不是埋頭苦幹，而是做選擇的能力，人生中每個分岔路的選擇都造就了現在的我們，每做一個決定，我們的人生軌跡便逐漸往不同的方向走去。做選擇的能力，靠的是思考與視野的拓寬，我們當然可以不斷的試錯與摸索，但只靠個人自身的經驗仍然有限，我們需要找到巨人的肩膀，然後跳上去，站得越高，視野越遼闊，格局越大，不會再狹隘的局限自己。

當我們看過越多成功者的思考邏輯與故事模型，我們會有更多的切入角度幫助自己做判斷，並從中發現這些成功者都有共通點，那就是他們藉由日常小習慣的累積，進而有巨大改變。

而習慣正是藉由不斷重複的行為，讓我們在日常生活中可以更不費力的開啟導航模式，一點一滴累積改變的動能，引導我們做出更符合自己想要的選擇。我們先是選擇了一個習慣，而習慣則會讓我們再做出某些選擇。

許多習慣看似只是微小的動作，但藉由滾雪球般的複利累積，不斷重複實踐，就足以讓我們達成巨大的驚人改變。我一直都推薦大家從模仿成功者的習慣開始，去分析他們與一般人的關鍵差異，甚至習慣背後所體現的思維模式，刻意從習慣開始模仿，從外在的行為習慣影響內在的意識，再從意識來引導自己的改變。

《每一天都拉開差距》強調只要透過後天的努力，把自己的能力與特質最大化，我們還是有很大的機會翻轉先天條件的缺乏。藉由這七十八個不同天才們的獨特習慣統整，讓我們得以一窺讓這些自己成長倍速的生活駭客技巧；透過細微的習慣調整，不斷優化自己的行為模式。

那些我們以為的天才，除了天賦以外，其實都有一套優化效率的習慣與方法，幫助自己強化注意力、開發新點子、提升生產力、提高學習力，甚至是在面對壓力時也能良好應對與處理。書中許多技巧都是眾多成功人士經常使用的方法與習慣，另外也有一些我未曾想過的方法，讓我大開眼界，許多事物其實都可以從反面思考，找到適合使用的情境。

如果你想從現在開始，一天一點與別人拉開差距，可以從「習慣」下手，參考本書裡這些改變世界的菁英們，了解他們究竟開了什麼外掛，持續做著什麼事情、細微的調整了什麼行為，就替原本平凡的人生帶來了巨大的變化。只要一步一步的實踐，相信你也可以做到！

前言

每天細微的改變，創造巨大變化

「表現卓越的天才與普通人之間，到底有何差異？」相信每個人的心裡都曾浮現過這個疑問。我們姑且先排除「運氣」這個成分，影響成就卓越與否的關鍵，除了個人的聰明才智，不然就是要在某個特定的領域，努力累積出深厚的專業知識。而這些特質的總和，一部分是與生俱來的天賦，另一部分則要靠後天的努力。

愛因斯坦曾投稿給科普雜誌《科學人》（*Scientific American*），並在某一期發表過一篇專題報導，報導中顯示「人類的智力，六〇%來自遺傳，四〇%則取決於後天的養成」。

美國德州州立大學奧斯汀分校（University of Texas at Austin）也做過類似的研究，研究結果表示，能在學術領域取得成功的優秀學者，有六〇%以上是先天所造就，其他是靠後天的努力。

雖然「在學術領域取得成功」，只是各種成功類型的其中一種態樣，但這項研究結果，確實也帶給我們許多思考空間。因為透過這些統計數據，我們至少可以了解，所謂的「成功人士」除了那些天賦異稟的幸運兒之外，只要透過後天努力，把自己的能力與特質最大化，還是有很大的機會，讓成功在我們身上開花結果。

那要怎麼藉由「後天的培養」取得成功呢？雖然沒有直接的證據，但我從許多研究中觀察到一個趨勢，發現影響後天成功與否，**最重要的關鍵就是習慣**。

例如美國知名的經營管理顧問湯姆．柯利（Tom Corley），曾花費五年的時間，觀察與記錄兩百二十三位富人與一百二十八位窮人的日常生活，最後他得出的結論是，兩者之間最大的差異在於習慣。

而暢銷書作家史蒂芬．柯維（Stephen R. Covey）在《與成功有約》（*The 7 Habits of Highly Effective People*）一書中也曾提到，成功人士的其中一項特徵就是擁有思考的習慣。所以正確的習慣就像是種神奇的魔法道具，它讓我們藉由不斷重複的行為，提高我們的生產效率，甚至為我們打開一條通往成功的捷徑。

近來有一個名詞叫做「生活駭客」（Life hack），指的是**透過每天細微的行為調整，進而為人生創造出極大的變化**；我們甚至可以說那些所謂的天才，正是因為善用了生活駭客的技巧，不斷最佳化自己的人生，最後才能取得卓越的成就。

而這本書正是要告訴大家，那些揚名古今中外的成功人士，實踐了什麼習慣？例如大文豪海明威，總是習慣站著寫小說；而蘋果電腦的創辦人賈伯斯，其實是個情緒化的愛哭鬼等。

接著，進一步分析說明這些獨特的習慣，是如何影響這些天才們的人生，以及從科學方面來看，這些獨特習慣能發揮什麼效果。

為什麼要知道他們的獨特習慣呢？說到這裡，我們先換個情境。我相信有許多讀者，都曾經看過《七龍珠》之類的動漫作品，並為之著迷吧？

這些作品的劇情設定，通常都是主角們奮力與強敵對戰，並努力獲得勝利，然後又遇到更強大的敵人，就這樣一次一次的挑戰強敵、突破難關。此時，如果敵方陣營出現某個能複製主角技能的反派角色，主角就會遭遇到空前的危機。

無論主角們的必殺技再怎麼強大，只要一經使用，就會被對方複製，進而拿來對付自己。主角歷經千辛萬苦才習得的必殺技，竟然瞬間就被敵人學會，精神上的打擊更是難以言喻。當然，漫畫終究是漫畫，就算面對如此難纏的敵人，主角們通常還是能贏得勝利。

所以當我們能理解這些天才們的獨特習慣，就彷彿是變身成擁有複製能力的強大角色，就算不能一秒變天才，只要持續將他們成功的祕訣，內化到日常生活中，未來就極有可能會出現飛躍性的成長。

本書一共收錄了七十八個天才們的獨特習慣，並分成五章，分別介紹關於強化專注力、靈感湧現、提升工作生產力、戰勝壓力、提高自我學習力的習慣。

讀者們可以依照自己所遭遇的困擾或苦惱，依標題索引類似的情境，或是直接翻到自己所喜愛的作家、運動員、科學家等章節，也是個不錯的閱讀方式。

如果拿起本書的你，可以從中學到一流人才具備的正確習慣，並活用於自己的生活中、讓未來過得更加美好，這對我來說就是最開心的事情了。

第 1 章

專注就有力量，任何場合都一樣

01

每個人的一天都是二十四小時

Stripe 創辦人，派屈克・科里森
（Patrick Collison, 1988-）

愛爾蘭裔的科里森兄弟是矽谷新創圈中，有史以來最年輕就坐擁億萬身價的創業家。以二〇一六年當時哥哥派屈克・科里森二十八歲、弟弟約翰・科里森（John Collison）二十六歲的年紀，他們的資產已超過十億美元，打破創辦圖文分享軟體「Snapchat」的伊萬・斯皮格（Evan Spiegel）創下「最年輕億萬富豪」的紀錄。

科里森兄弟所創辦的「Stripe」類似「PayPal」，同樣都是以提供線上金流整合的服務為主。雖然在我撰寫本文時，Stripe 在美國的市占率僅有八％，與市占率高達七六％的 PayPal 相距甚遠。

但從時間軸來看，PayPal 是一家在線上金流市場已經經營二十年之久的老字號業者；而 Stripe 則是一間還未上市的新創公司，才剛踏進這個領域。

Stripe 主打比 PayPal 更簡單、更容易操作的特色，以劃時代的新創服務之姿，讓公司的市值以每年接近二〇〇%的驚人速度成長。

舉例來說，在美國開設網路商店時，如果想要使用 PayPal 的金流服務，不但申請過程繁複，萬一後續遇到任何技術性問題，也難以即時解決。但使用 Stripe 提供的金流服務，只要在網站輸入七行程式碼就能簡單完成。

如此顯著的差異性，在不熟悉ＩＴ（資訊科技）操作的自營業者眼中，哪一方較具吸引力，自然不言而喻。能瞄準使用者需求、切入市場痛點，正是因為科里森兄弟深知對手PayPal的弱點。

回顧派屈克的成長與創業歷程，他十歲開始學習程式設計，到了國、高中，已多次在科展競賽中嶄露頭角，並獲得許多獎項的肯定。當他還未滿二十歲時，就跟弟弟約翰以及兩個從牛津大學（University of Oxford）畢業的新鮮人，在矽谷共同創辦一家以協助電商管理軟體為服務項目的新創公司「Auctomatic」，並在之後以五百萬美元的高價出售。

這次的成功經驗，讓他們堅信自己是有創業能力的，而市場上所謂的主流商品或主流服務也並非如此完美無缺，所以他們決定離開學校，全心投入創業。

他們首先鎖定線上金流服務的霸主 PayPal，因為它系統複雜、操作困難，對一般使用者而言完全稱不上友善。所以派屈克努力研究，想要開發出一款簡單、好上手、也容易使用的服務來取代 PayPal，最後也真讓他們找到方法，用全新的商業模式，省略繁複的申請與建置程序，只要幾組程式碼就能免費運作，而Stripe 則從每一筆交易中收取二．九％的手續費。這項服務一推出，就因為方便好操作的系統受到歡迎，更讓 Stripe 得以快速成長。

如果要說派屈克有什麼與眾不同的地方，最明顯的應該就是他有「重視與珍惜時間」的習慣。派屈克以八十歲作為自己壽命的預設值，他在自己的電腦畫面上，以倒數計時的方式，顯示自己的剩餘壽命，時時提醒自己時間正一分一秒的流逝。

派屈克常常會看著畫面中倒數的數字，提醒自己時間有多麼珍貴，他曾經說過：「如果能擁有花不完的時間，我也會選擇愉快的看電視，但只可惜人一生的時間是非常有限的。」

以這本書寫作的當下來推算，我們可以猜想派屈克的電腦畫面上，應該顯示著「還剩下五十年」吧。或許就是這種不願意浪費任何時間的態度，讓他們能在二十多歲便成為億萬富翁。也或許就是這種不願意浪費時間在複雜、無謂的程序上，讓他們能開發出 Stripe，因為 PayPal 的繁複與不好操作，對使用者而言是一種無形的時間浪費。

養成珍惜時間的習慣，就是科里森兄弟成功的祕訣。如果你每天都陷入「無意識拿起手機一滑就是老半天，把許多時間都花在玩遊戲上」這種可怕的惡性循環，請務必試著養成珍惜時間的好習慣。

02

午餐減量，腦子更靈光

娛樂產業龍頭迪士尼創辦人，華特．迪士尼

（Walt Disney, 1901-1966）

全球娛樂產業界的龍頭——華特迪士尼公司（The Walt Disney Company），旗下不僅擁有許多國際知名的影視製片公司，更經營龐大的影音頻道與網路影視串流平臺，多角化的占領各種家喻戶曉的娛樂產業領域。

從該公司的創辦人華特．迪士尼留下來的傳記中可以發現，這個龐大企業集團的創辦人有著十分固定的生活作息：他每天早上在八點左右抵達工作室，然後開始逐一確認動畫的分鏡稿，接下來到中午之前，他則會巡視工作室裡每個員工的工作狀況與進度。

特別的是，他的午餐通常十分簡單，只會吃一點沙拉等容易消化的輕食，並搭配一杯V8牌的番茄汁。因華特認為中午如果吃得太飽、太豐盛，腦袋的運轉會變遲鈍，進而影響下午的工作效率，因此迪士尼公司裡的午休時間也較其他公司短，形成了一種獨特的企業文化。

午休之後，他通常會在下午安排會議或聯繫溝通等工作，因為午餐吃得很簡單，所以華特總會在口袋裡準備一些能隨時充飢的小零食，例如堅果或蘇打餅乾等，可以在緊湊的工作中隨時補充一點熱量。

至於晚餐，他則喜歡吃起司或辣肉醬口味的通心粉。有時，他也會睡在公司的休息室裡。

乍看之下，這完全就是工作狂，不僅午餐吃得隨便、下午用零食果腹，甚至晚上還忙到要睡在公司裡。但這樣的生活作息與飲食習慣，並不像一般人所認為的這麼糟糕。

尤其許多科學研究都證實，一次攝取太多的食物與熱量，會讓血糖的數值劇烈震盪，反而導致工作效率不彰或昏昏欲睡等狀況。因此**許多醫生建議，最好養成少量多餐的習慣，讓身體機能維持在能量飽滿的最佳狀態。**

華特在《智慧雜誌》（*Wisdom Magazine*）的採訪中，曾被問到：「你成功的祕訣是什麼？」以及「你如何實現自己的夢想？」他是這樣回答的：「想獲得成功、想實現夢想，唯一的方法是努力做就對了！」

全心全意投入動畫創作的華特，為了維持工作效率、節省午休時間，反而歪打正著養成了維持工作動能的飲食習慣。如果你**老是覺得中午吃飽飯後，總會精神渙散、想打瞌睡，不妨學學華特把午餐減量，等工作中有飢餓感時，再吃一點小零食補充熱量，就可以維持高效率的工作狀態！**

03

簡化生活中的所有選擇

美國物理學家，理察．費曼
（Richard P. Feynman, 1918-1988）

一九六五年榮獲諾貝爾物理學獎的美國物理學家理察．費曼，在量子力學（quantum mechanics）的發展與研究中，有著極為重要的關鍵地位。

何謂量子力學？簡單來說，在我們肉眼所能看見的世界當中，所有物體都是線性移動的，但從量子力學的角度觀察，也就是在肉眼所無法看見的分子與原子世界中，粒子的運動軌跡則並非是全然線性的。

以棒球為例，當打者擊中球後，有六〇%的可能移動路徑會往右側觀眾席，四〇%的可能移動路徑會往左側觀眾席，而費曼之所以能獲得諾貝爾物理學獎的關鍵，在於他找到能計算出所有粒子移動路徑的方法，也就是能計算出棒球（粒子）

飛出去（移動）的所有路徑與可能機率，這就是所謂的路徑積分（path integral）。

這項研究有著極為重大的學術意義，因為這讓先前許多被認為是機率或無法被解釋的自然現象，有了可以被分析的線索，得以具體的透過公式計算得知，也讓物理學的發展大幅往前邁進。

雖然我們無法確切知道，費曼是否因為過於專注研究量子力學的不確定性，導致他對於生活中所有需要抉擇的事物，都出現過度思考、猶豫不決的反應，但他確實深受「無法明快做出決定」所苦，以至於花了不少心思，想克服自己優柔寡斷的人格特質。

例如他就讀麻省理工學院（Massachusetts Institute of Technology）時，學校餐廳會提供各色甜點讓師生們挑選，因為每一種看起來都很好吃，往往讓他陷入選擇的困境，苦惱著：「到底要選哪一種才好呢？」

有一天費曼終於受不了了，下定決心不再把時間浪費在思考這種無聊的生活瑣事上，所以他決定：「從今以後，甜點就只選巧克力冰淇淋！」這個決定一直維持到他大學畢業後，他始終不曾吃過巧克力冰淇淋以外的甜點。他甚至還把這套設定預設值的方法，運用在他生活中的所有瑣事上。

只要遇到這些需要選擇的小事，就讓已經設定好的自動導航做決定，不再多花大腦的運算資源去思考這些無足輕重的選項。這讓他可以發揮出超高的專注力，也讓他在關心且重視的領域，獲得卓越的成果。

包括愛因斯坦、臉書（Facebook）創辦人馬克．祖克柏（Mark Zuckerberg），以及蘋果電腦的賈伯斯等人也都有著類似的習慣。他們都會因為不想把時間浪費在「苦惱今天要穿什麼衣服」上，所以每天都穿同一款式的衣服。

祖克柏曾公開過自己的衣櫃，裡面全都是同樣款式的衣服，他完全不用花心思於穿著。可見得這類型的習慣是英雄所見略同，能簡化生活中不必要的時間浪費，讓自己可以把心力都放在真正重要的事情上。

或許對你來說，選擇甜點是品味生活最重要的大事，那你不妨從其他可被忽略的瑣事下手，讓這個看似不起眼的小習慣，幫你累積出顯著的大成效。

04

原來，海明威站著寫作

美國知名小說家，恩尼斯特．海明威
（Ernest Hemingway, 1899-1961）

美國知名小說家恩尼斯特．海明威，在一九五四年以《老人與海》（*The Old Man and the Sea*）這部作品榮獲諾貝爾文學獎，相信有許多讀者都曾在國、高中時，閱讀過這部作品。

有些人可能會覺得《老人與海》的故事並不有趣、甚至有點無聊，但這部作品的寓意，其實是需要一點人生歷練，才有辦法體悟與理解。所以對於國、高中生們來說，讀起來稍嫌枯燥、毫無共鳴，也是難免的事。就像我們對於食物或料理的喜好，也會隨著年齡而有所改變一樣。

海明威的寫作風格簡潔明快，無戲劇性、誇張的情感描繪、也無華麗的文字雕琢，他盡可能使用直白簡短的語句描述客觀的情境與事實，整體風格清爽俐落。也就是這樣的寫作特質，才能引導讀者想像，進而塑造出讓人感動的情節張力。

《老人與海》這部作品的情節結構並不複雜。故事裡的主角是一位老漁夫，他已經長達八十四天沒有捕獲任何一條魚，但他仍持續開著小船出海捕魚。直到第八十五天，他發現了一條重達七百公斤的超大馬林魚，就在他與這條魚整整纏鬥兩天兩夜之後，老漁夫終於制伏了這條大魚，準備要開心的滿載而歸。

但就在回程中遭遇鯊魚群的襲擊，老漁夫只好再度展開一場與鯊魚群間的悲壯對決，無奈最後老漁夫還是心有餘而力不足，一切的努力終歸徒勞。

故事中，當老漁夫正與鯊魚奮戰時，曾經鼓勵自己說：「人不是為了失敗而生，一個人可以被毀滅，但不能被打敗。」（A man is not made for defeat…… A man can be destroyed but not defeated.）故事最後，老漁夫筋疲力盡的回到港口，之前費盡心力才捕獲的馬林魚，卻被鯊魚啃食到僅剩下一副魚骨架，於是老漁夫回到家中，在床上沉沉的睡去，而整個故事就在這裡畫下句點。

這部作品，透過故事情節的隱喻與象徵，刻劃出人生的許多無奈與挑戰，讓讀者在閱讀時，可以把自己的經歷與境遇投射其中，彷彿自己也是書中的老漁夫，正獨自在茫茫大海中與未知的困難或強大的對手，展開一次又一次的生死纏鬥。而這樣的氣氛塑造，海明威僅用精練的文字與俐落的語句鋪陳，就令讀者深陷感動。

知名媒體《巴黎評論》（*The Paris Review*）的記者，曾在一九五四年前往海明威的家中專訪他，在採訪過程中，記者發現海明威有站著寫作的習慣，因為他的打字機正放在「站立桌」（桌面較高、沒有配置座椅、僅供人站立使用的桌子）上。

據說他之所以站著工作的原因，是因為他一旦坐著寫作，很容易就因為坐姿太舒適，而把文章寫得又臭又長；所以站著寫，比較能讓自己維持文章的俐落與精練，甚至他不只站著寫，還是單腳站著寫呢！

有類似習慣的還有英國小說家查爾斯・狄更斯（Charles Dickens），他曾經寫過《孤雛淚》（*Oliver Twist*）、《小氣財神》（*A Christmas Carol*）等經典名作。以及帶領同盟國，贏得第二次世界大戰的英國首相溫斯頓・邱吉爾（Winston Churchill），雖然不是文學領域的知名人物，但也有站著工作的習慣。

根據許多研究資料顯示，**站著工作可以活化大腦、提升專注力，還能降低動脈**

硬化等心血管疾病的發生機率，甚至減少罹患癌症的可能。不過站著工作最明顯的成效，**主要還是讓我們可以不被無謂的瑣事分心，進而達到在短時間之內完成工作的高效率表現**。

美國矽谷近年來也開始關注站著工作這件事，對於企業與員工工作效率的提升效果，因此越來越多的企業辦公室內，都提供了可升降的工作桌。

例如網路新創事業的代表者臉書，就讓員工自由選擇是否要使用升降桌，結果出乎意料的有超過兩百五十人以上，決定要使用升降桌來站著工作。

所以我也推薦讀者偶爾站著工作一下，應該就能感受到專注力提升的效果。不用整天都站著工作，只要其中一小段時間向海明威看齊，反正試試又不花錢，也沒有損失不是嗎？

05

先抓脈絡，不要蒙著頭馬上做

英國知名推理小說家，阿嘉莎・克莉絲蒂
（Agatha Christie, 1890-1976）

英國知名的推理小說家克莉絲蒂，著有《東方快車謀殺案》（*Murder on the Orient Express*）、《一個都不留》（*And Then There Were None*）、《羅傑・艾克洛命案》（*The Murder Of Roger Ackroyd*）等經典推理名作，系列書籍的總銷售量超過二十億冊，據說暢銷程度僅次於《聖經》（*Bible*）與莎士比亞（William Shakespeare）的作品。

克莉絲蒂不僅在英國文學史上占有舉足輕重的地位，其出神入化的說故事技巧，在推理小說界更是無人能及。許多情節的鋪排，例如縝密的計謀設計或是出乎意料的大逆轉結局等，都是她拿手的寫作方式。

至今仍有許多小說、動漫或影視作品，都受到她強烈的影響。

早期的推理小說，多半是解謎、尋找失物類型等的作品，沒有「謀殺事件」所創造出來的感官刺激，在娛樂性與可看性上比較容易疲乏，自然也無法長期吸引讀者的目光。

克莉絲蒂的出現，取代了推理界之前以柯南・道爾（Conan Doyle）為主流的寫作模式，「克莉絲蒂式」的故事情節與陰謀設計，藉由未知的犯人之手、使用難以想像的手法、甚至是以乍看之下不可能達成的方式，進而展開犯罪與謀殺事件。

謀殺事件引發了讀者的興趣，且在過程中產生一連串疑問，例如「是誰幹的？」、「是怎麼辦到的？」、「為什麼要這麼做？」，讓讀者越看越覺得有趣，成為近代推理小說的基本結構。而這些更創新、更離奇、古怪的犯罪手法，也是克莉絲蒂被譽為推理女王的原因。

克莉絲蒂在寫小說時有個特別的習慣，就是她不會從故事的開頭一路順著往下寫，而是先設計完整個謀殺情節，詳細描述犯人的犯案過程後，才開始補寫故事的開頭與結尾。

會使用這樣的寫作順序，是因為克莉絲蒂深知推理小說的精華，在於謀殺情節的安排，而她也比其他推理小說家，更懂得用故事架構與情節鋪陳來描寫謀殺場景，因此她的推理小說至今仍廣受大眾的歡迎。

例如在《一個都不留》的故事當中，有十個受邀到無人島的訪客陸續被殺害。而島上有十個詭異的人偶，則分別與這十名訪客相連結，每當有人偶出現異狀，就代表著某個訪客即將遭遇不測。這懸疑的氣氛，立刻就擄獲讀者的注意力。

換句話說，我們可以發現克莉絲蒂的寫作方式，是從關鍵核心著手，再配合主要內容處理剩餘部分。這種工作邏輯，我們也可以運用在其他工作領域，例如在發想企劃書或是製作簡報時，不一定非得從頭開始寫，先確定關鍵核心，其他部分只要配合主題鋪陳即可。

又或是閱讀時，也不一定要從第一頁開始讀，可以瀏覽目錄，先從結論或是自己感興趣的地方開始看，也是個不錯的方法。而且這種方法還有一個好處，就是讓自己思考：「究竟前面經過哪些推論或發展的過程，才形成了這樣的結論與情節？」再對照看看自己與作者的想法邏輯上，有沒有什麼相同或相異的地方。這種閱讀技巧，適合拿來運用在某些自己不感興趣，但又不能錯過的經典作品。

全球知名的經營管理顧問史蒂芬·柯維，在他的著作《與成功有約》中，曾舉出幾個能讓人生走向成功的好習慣，其中之一就是優先處理重要事務。克莉絲蒂的推理小說從謀殺事件開始創作，就是優先處理「關鍵核心」的最佳案例。

06

以「每五分鐘為單位」的時間管理術

特斯拉執行長，伊隆・馬斯克
（Elon Musk, 1971-）

曾經有人說，馬斯克就好像是現實世界裡的鋼鐵人，讓他因此知名度大增。因為他跟漫威電影《鋼鐵人》（*Iron Man*）中的主角東尼・史塔克（Tony Stark）形象有許多重疊之處，不僅都是熟悉高科技的天才工程師，也是能帶領大型科技公司邁向成功的超強經營者，彷彿《鋼鐵人》套用了馬斯克的背景做人物設定。

馬斯克主要身兼了兩家重要科技新創公司的執行長，一家是致力開發、生產電動車與自動駕駛的特斯拉（Tesla），而另一家則是專注研發、製作火箭與太空船的太空探索技術公司（SpaceX）。此外，網際網路第三方支付服務商 PayPal 也是他所創立的公司。

同時經營多家企業的馬斯克，日常生活總是非常忙碌，他常會不吃早餐就直接到公司上班。又因為他身為企業的重要人物，每天都排滿了許多會議行程，也必須和來自四面八方的各色人物會面，所以為了有效管理每天的忙碌行程，他習慣「以每五分鐘為單位」，來安排他所有事務。

所謂的以每五分鐘為單位，並不是指每隔五分鐘就切換到另一項工作，而是他以五分鐘作為安排工作的基本單位，用以規畫每日的行程。例如：確認與回覆郵件十五分鐘、休息五分鐘、與營運團隊開會二十分鐘、吃飯五分鐘……。

因為他忙碌的程度超越一般人所能想像，所以如果有某個五分鐘被拿來發呆、打瞌睡，而沒有安排任何事情，就會被他視為是浪費時間。就連前面提到吃飯只花費五分鐘，對馬斯克來說都是再正常不過的事，因為他常常連這五分鐘都想省下來，直接在會議桌上解決。重度工作成癮的他，甚至還說過：「我想要知道，世界上有沒有不用透過進食，就能讓身體取得必要營養的方法。」

另外，馬斯克為了有效節省時間、因應高密度的生活節奏，還發展出不使用電話溝通的習慣。平常在辦公室裡，他幾乎不使用電話，僅用電子郵件溝通。

他的理由是：如果每件事情都要拿起電話講清楚，那在講電話的時候，勢必就得中斷手邊正在進行的工作，再加上通話時無可避免的閒聊或題外話，無形中反而增加了浪費時間的風險；而電子郵件就沒有這樣的困擾，不僅可以選擇在自己方便的時間回覆，還可以把類似的項目都集中在同一個時段，一口氣解決掉所有需要往來的信件。

此外，電子郵件還有個優勢，就是關於要溝通的內容，在信件中一目瞭然。

切分小單位管理自己一整天的時間，確實是大家都應該要活用的好習慣，例如本書的編輯，就是使用了番茄鐘工作法（Pomodoro Technique）的時間管理術製作本書。

這種做法相當單純，沒有複雜的規則，**只要掌握住「工作二十五分鐘、休息五分鐘」的規律，並持續反覆進行**，就算是**天生注意力比較不集中的人，也能因此提高工作效率**。就算是身體狀況不佳或是一直提不起勁工作，只要想著「忍耐撐過這二十五分鐘，就能休息了」，並重複幾次工作二十五分鐘、休息五分鐘的循環，一樣能讓自己進入工作狀況，找回應該要有的工作節奏。

實踐時，或許不用跟馬斯克一樣緊繃，但無論是哪種工作類型，使用番茄鐘工作法都能不知不覺的提高工作效率，也因此受到廣大工作者的愛用。

為了提升工作效率與專注力，工作狂人馬斯克以每五分鐘為單位管理自己的每日行程；而讀者們則可以依照自己的節奏與習慣切分時間單位，一樣能快速看到成效喔！

07

把「每一次」都當最後一次力拚

俄羅斯知名小說家，費奧多爾．杜斯妥也夫斯基（Fyodor Dostoyevsky, 1821-1881）

杜斯妥也夫斯基是十九世紀俄羅斯最具代表性的文學家之一。包括後來西方文壇的海明威、卡夫卡（Franz Kafka）、沙特（Jean-Paul Sartre）等人都受到他的影響，就連日本的知名小說家芥川龍之介、當代著名存在主義作家大江健三郎等人，也受到杜斯妥也夫斯基的啟蒙。

甚至在其他如哲學或科學等領域中，杜斯妥也夫斯基也吸引了不少人的愛戴，就連愛因斯坦都曾經說過：「杜斯妥也夫斯基之於我，比天神宙斯還要偉大，因為他所教會我的事，遠遠超過任何一位科學家。」

杜斯妥也夫斯基以小說的形式探討嚴肅的議題，包括愛因斯坦最喜歡的《卡拉馬助夫兄弟們》（*The Brothers Karamazov*）在內，討論許多關於宗教、生死、精神與肉體等哲學。

杜斯妥也夫斯基在撰寫每一部作品時，總是把筆下的這本書，當成是自己的最後一部作品，而這樣的迫切感，與他極為戲劇化的人生經驗有關。

杜斯妥也夫斯基誕生在沙皇統治的帝俄時期，當時整個歐洲都受到法國大革命的激勵與鼓舞，所以當他得知朋友正在謀劃推翻農奴制度，想解放農民，讓底層的民眾獲得自由，就決定要一起參與革命起義。但沒想到整個計畫被執政方的間諜發現，於是在事跡敗露後，他與二十三位友人一同被捕。

被判處死刑的他，在刑場上聽著軍官宣讀自己的罪狀，腦中一片混沌，看著原本照亮教會鐘塔的陽光逐漸被烏雲遮蓋，他在心中想：「如果我能逃過一劫並能活下來，我會永遠記得此時此刻的感受，再也不浪費人生中的每一分每一秒。」

接著他被戴上頭套，靜靜等候士兵開槍行刑。就在這決定性的一刻，有位騎著馬車的軍官抵達刑場，宣布因為沙皇的仁慈，特別網開一面，赦免他的死罪，改判為流放到酷寒的西伯利亞服四年苦役。然後他就在一般人無法想像的刻苦環境中，一邊堅忍生活，一邊在腦中構思各種作品。

等到杜斯妥也夫斯基結束流放的勞役，從西伯利亞回來後，他彷彿變成了另一個人，用盡全力發表了一系列的作品，包括《罪與罰》（*Crime and Punishment*）、《白痴》（*The Idiot*）、《群魔》（*Demons*）、《卡拉馬助夫兄弟們》等，而在撰寫每一部作品的過程中，他都將該作品當成是自己最後的遺作。

我們身處資訊爆炸的時代，每天都被各式各樣的新科技、新資訊所包圍，包括無遠弗屆的網路、無所不在的行動通訊與智慧型手機等，而全球各大科技產業也無所不用其極的，瓜分我們每天僅有的時間，只要我們願意，把一生都虛度在數位訊號中也完全不成問題。

杜斯妥也夫斯基因曾親眼看見槍口指著自己，萌生出「如果我能活下來，絕對不會再浪費任何一秒鐘」的想法。而他的領悟也應該要像他的作品一樣，長久流傳於後世。

08

有時候，吵鬧環境讓人更專心

電腦之父，馮紐曼
（John Von Neumann, 1903-1957）

出生於匈牙利的馮紐曼，是二十世紀科學史上最重要的人物之一，他一生的貢獻包括提出賽局理論（Game Theory），並在經濟學領域中套用賽局理論的概念；在二十世紀電腦發明的初期，他提出有關電腦內部程式的修改建議，建立了目前電腦軟體與硬體分開的基本架構，成為現代電腦科技的基本常識。

在一般人的想像之中，這類型的天才科學研究者，似乎都習慣在鴉雀無聲的研究室或實驗室中，埋頭苦思或專注研究。但馮紐曼則恰恰相反，他非常喜歡在聲音喧鬧的環境中進行他的研究，甚至還曾經為此，特地帶著紙筆到「夜店」從事他的研究工作。

就連他妻子都曾說：「對他來說，環境越吵雜，他工作越投入。」但如果是太過安靜的空間，則會引發他的不耐。所以就算是在大學研究室中，他也會我行我素的把音樂開到最大聲，以至於引來其他教授的不滿，甚至跑到他的研究室抗議（那位教授就是愛因斯坦）。

透過馮紐曼這種超乎常人的獨特行徑，讓我們不得不思考在安靜的環境中工作，對工作的效率跟產出，不一定都有正面幫助。根據美國伊利諾大學（University of Illinois）的研究論文顯示：不論是咖啡館的交談喧鬧聲，或是大自然的蟲鳴鳥叫，甚至是路上車水馬龍的車輛與行人吵雜聲，這些聲音統稱為白噪音（White noise），可以提高創意類型工作的效率與生產力。而且為了服務某些習慣在白噪音環境中工作的專業人士，有些專門的影音網站更提供了類似雨聲、人車雜沓的街道等環境音效。

相對於那些「喜歡安靜空間或堅持要在安靜的環境中，才有辦法集中精神、專注工作」的人，他們往往會因為環境中有一點小雜音或小騷動，而被干擾、分心，總是抱怨這麼吵要怎麼工作？此時，習慣在白噪音底下工作的人，因為不容易受到外界干擾，反而凸顯了優勢。

畢竟在現實生活中，要找到一個完全安靜的空間，根本就是緣木求魚。而且除了自由工作者可以選擇自己工作的環境與地點，一般上班族只能消極配合辦公空間的環境，附近可能有人熱烈交談、隔壁桌電話響，幾乎沒有一刻的安靜。

只要讓自己養成在白噪音中也能投入工作、專注思考的習慣，不論到什麼地方，都能聞風不動。

09

一整天的理想使用方式

美國國父之一，班傑明・富蘭克林（Benjamin Franklin, 1706-1790）

共同建立美利堅合眾國的美國國父之一——富蘭克林，不僅是起草《美國憲法》的人，更是當時最具代表性的天才科學家與發明家。有關他最膾炙人口的故事，應該就是他為了證明閃電中的電流，不顧生命安危在雷雨中放風箏，透過閃電擊中風箏的實驗過程，他發現電流可以被引導，並進而發明避雷針。

很少人能像富蘭克林一樣，同時跨足政界與科學學術界，還做出了驚人的成就與貢獻，帶給後世深遠的影響，或許就是因為富蘭克林有珍惜時間的習慣。

左頁的圖表，出自富蘭克林所規畫「一整天的理想使用方式」，大家不妨好好琢磨一番：

▼ 一整天的理想使用方式

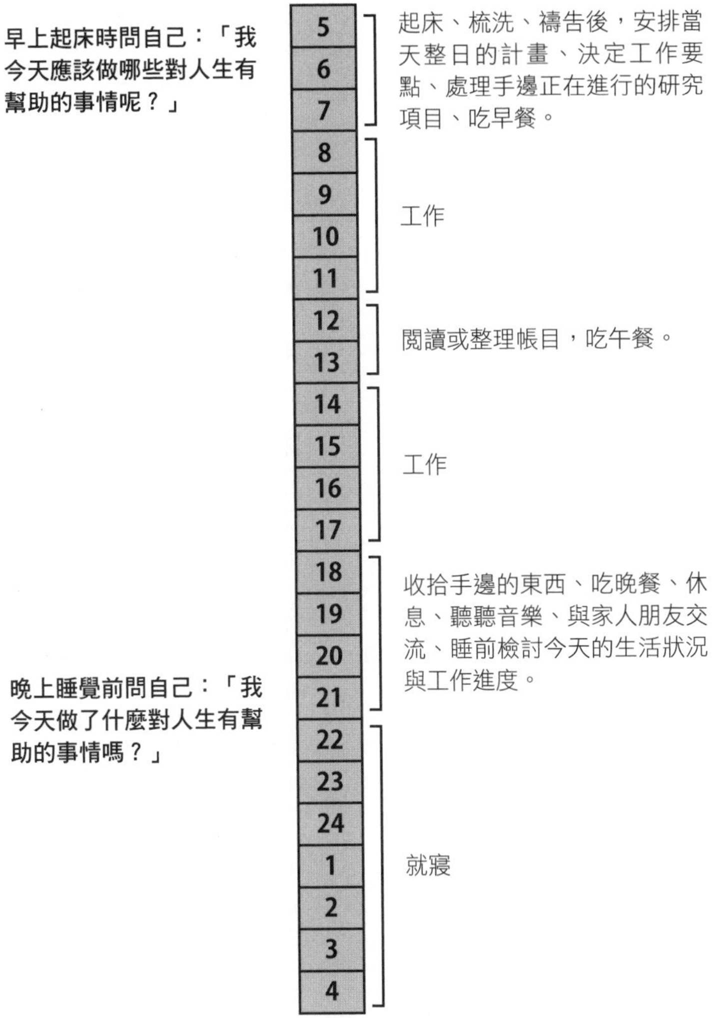
早上起床時問自己：「我今天應該做哪些對人生有幫助的事情呢？」
5
6
7
起床、梳洗、禱告後，安排當天整日的計畫、決定工作要點、處理手邊正在進行的研究項目、吃早餐。
8
9
10
11
工作
12
13
閱讀或整理帳目，吃午餐。
14
15
16
17
工作
18
19
20
21
收拾手邊的東西、吃晚餐、休息、聽聽音樂、與家人朋友交流、睡前檢討今天的生活狀況與工作進度。
晚上睡覺前問自己：「我今天做了什麼對人生有幫助的事情嗎？」
22
23
24
1
2
3
4
就寢

不知道大家有沒有發現？在富蘭克林的時間管理清單中，他不僅把每個小時該做的工作都預先安排好，就連每天早上起床時、晚上睡覺前，透過反省與自己對話的問題，他也沒有疏忽。

早上起床時問自己：「我今天應該做哪些對人生有幫助的事情呢？」晚上睡覺前問自己：「我今天做了什麼對人生有幫助的事情嗎？」

從這裡可以看出，富蘭克林從不願浪費任何一點時間，他時時刻刻都想著要對人生做出有幫助的事。並透過每天的自我反省與問答，記錄與確認自己在生命中究竟留下了什麼樣的足跡？

相信很多人都有使用行事曆或列出每日工作清單的習慣，但在完成每天的生活與工作之餘，不妨學學富蘭克林，在早上起床或晚上睡覺前，探問與檢討自己的人生。別忘了，「時間就是金錢」這句話，正是富蘭克林給我們的提醒。

10

蘋果設計師，邊聽音樂邊工作

前蘋果首席設計師，強尼・艾夫（Jony Ive, 1967-）

曾任蘋果公司首席設計師的艾夫，參與過 iPhone、iPad、iMac 等熱門 3C 商品的設計專案，他以極簡風格、捨棄非必要的多餘設計元素，專注在消費者的最佳使用體驗，成為工業設計業界享譽盛名的頂尖設計師。

雖然在工業設計的領域中，有「設計」這兩個字，但實際從事設計工作時，並不都是處於天馬行空的亢奮創作狀態。設計師們得先確認自己的設計靈感如果做成實體樣品，使用者的感受跟自己所想像的會一模一樣，因此得要反覆的使用保麗龍等材質，做出等比例的實體模型，而這過程是非常枯燥乏味的。

換句話說，這些設計師們只有一％的時間在盡情創作、讓想像奔馳，剩下九九％的時間，都在做些翻模、打樣、試材質等勞力工作。而且不只是設計師，其他像是漫畫家、動畫製作者等，也都是類似的工作型態，越是需要創造力的工作，背後就有越多必須耐著性子才能完成的機械性單調工作。

為了讓自己能沉浸在機械性的單調工作中，艾夫習慣在工作時播 Trance 類型的電子音樂，而熱衷 Trance 音樂的他，還為此特地從英國跨海購入大型的音響設備，架設在自己的工作室裡。

像這種透過音樂來讓自己進入某種工作狀態的習慣，其實是有研究驗證的，因為**人類在聽音樂時，大腦會自動分泌一種被稱為幸福賀爾蒙的多巴胺（dopamine），多巴胺有舒緩情緒、解除緊張的效果，所以當我們在從事單純的工作型態時，如果能一邊聽音樂一邊動手，就能明顯提高工作效率。**就連《哈利波特》（*Harry Potter*）的作者J．K．羅琳，也有邊聽柴可夫斯基音樂邊構思故事的習慣。我們可以說，那些在工作上表現傑出的優秀人才，有許多都得力於他們會用音樂來打造愉快的工作環境。

雖然目前在日本，還有許多公司不允許員工邊聽音樂邊工作，但觀察谷歌

（Google）、微軟（Microsoft）等成長快速的跨國企業，我們可以發現這些公司的發展，跟他們在創業初期就打造令人愉悅的工作環境，有顯著的正相關。所以禁止員工聽音樂，到底是提升員工的工作效率？還是降低工作士氣？

如果你的工作環境並無禁止聽音樂，建議下次不妨可以一邊工作、一邊聽音樂試試，或許會有新的體驗喔！

11

厲害的人都有一些怪癖

法國知名文豪，歐諾黑．德．巴爾札克（Honoré de Blazac, 1799-1850）

巴爾札克是法國知名的大文豪，他與另外兩位同時期的知名小說家，包括《三劍客》（*The Three Musketeers*）的作者大仲馬、《悲慘世界》（*Les Misérables*）的作者維克多．雨果（Victor Hugo）都是相互認識的文壇好友。

大仲馬擅長寫冒險小說，雨果著重於歌頌人性，而巴爾札克的作品，則多聚焦在「虛偽社會下苦惱的人們」，他筆下有許多人物都是遭受社會的迫害而慘死，從《高老頭》（*Père Goriot*）等代表作品中，都能明顯看出他的寫作風格。

他之所以會關注社會的黑暗面，或許跟他灰暗的前半段人生有關。在大學時期，他的寫作才華並沒有被教授認可，教授甚至還曾對他母親說：「巴爾札克以後要做什麼都可以，只要不是想成為小說家就好，如果他有這樣的念頭，請妳一定要盡全力阻止他。」但是之後，他走上與出版經營相關的事業，卻也落得破產收場，因此背負著巨額債務。

為了償還因創業失敗所累積的龐大債務，他不得不拚命的工作還債，但是因為他也沒有別的技能，只好每天瘋狂寫作。由於當時稿費是以字數計算，所以巴爾札克為了用作品數量來換取稿費、償還債務，他每天都會灌上五十杯咖啡，以支撐每日長達十五個小時的寫作時間，而這麼高密度的創作生涯，也讓他留下多產型作家的形象。

為了能讓自己享有寧靜的創作環境，巴爾札克會選擇在大家都已入睡的深夜時段寫作。他大概會在凌晨一點左右起床，然後一邊吃早餐、一邊為自己準備一大壺熱咖啡，以確保自己在後續的寫作過程中，咖啡因能源源不絕的供應，不至於因為斷貨而打斷他的寫作節奏，巴爾札克曾說：「咖啡就像是我寫作人生的燃料一樣，讓我能保持創作的動力。甚至我身體裡的每一個細胞，都能感受到咖啡因正在發揮作用。」

所以咖啡之於巴爾札克，就像是能觸發創作想像力的神祕魔藥，只要喝下它，腦中就會奔竄出爆炸般的靈感，多到來不及用紙筆記下。

因為咖啡對於巴爾札克無比重要，所以他的每一包咖啡豆，都是自己親自到市面上去挑選與購買，從不假手他人。他曾經為了要買到品質好的咖啡豆，不惜花上大半天的時間，在巴黎市區尋訪一家又一家的咖啡店，可以說是到了偏執的地步。

據說，巴爾札克如果要到沒有咖啡的地方遠行，他甚至還會依照旅行天數，先預備好足夠的咖啡豆帶在行李中一起出發。而他對咖啡的痴迷，也展現在他深厚的咖啡知識上，他曾經寫過一本類似科普或研究論文的作品《論現代興奮劑》（*Traite des excitants modernes*），在書中他用了足足一整個章節的篇幅，描述他最愛的咖啡。

其實古今中外有類似怪癖的天才們還不少，例如比爾．蓋茲年輕時，跟巴爾扎克一樣對咖啡因有相當的依賴程度，只不過他攝取咖啡因的主要來源是可樂。比爾．蓋茲甚至可以一邊寫程式、一邊灌可樂，一整天喝上十二瓶之多。他們同樣都是藉由咖啡因刺激大腦的中樞神經，讓自己維持在亢奮的工作狀態。

而歷史上還有許多有名的大人物，會為了刺激大腦運作，使用一些現在看起來並不是那麼健康的嗜好品。例如叼著菸斗在研究室裡走來走去，幫助自己整理思緒的愛因斯坦，就是一個他廣為人知的代表形象。

因為當時的人們還無法證實香菸的害處，所以我們也無法得知，如果愛因斯坦知道香菸對人體有害，是不是會斷然的選擇戒菸？而我們也不會在寫給兒童閱讀的偉人傳記中，看到這些偉人沉迷於嗜好的詳細描述。但確實有些運動員會為了在競賽場上取得好成績，而不惜使用禁藥，導致後續被除名、禁賽。

但我認為，只要在不犯法或不會對身體造成不可逆的嚴重危害前提下，藉由一些具有特別功效的物質喚醒自己的潛在能力，應是無傷大雅。當然，一定要先確認自己的身體狀況，並選擇確實沒有傷害疑慮的東西，例如咖啡因或葡萄糖等，對提高工作效率應該有相當的輔助效果。

12

遇到低級錯誤別沮喪，抗生素是這樣發明的

美國細菌學家，亞歷山大・佛萊明（Alexander Fleming, 1881-1955）

國際知名的英國細菌學家佛萊明發現了「盤尼西林」（Penicillin，俗稱抗生素），並將抗生素應用在醫療方面，進而拯救了全球無數的寶貴性命，可說是人類醫學史上最重要的人物之一，他除了曾經在一九四五年榮獲諾貝爾生物醫學獎的肯定之外，更獲選為《時代雜誌》（*Time*）「二十世紀最具影響力的一百人」。

但是佛萊明的初衷並不是想要貢獻自己所長，讓人類不再為傳染病所苦，單純只是因為他喜歡細菌，並且把「每天觀察細菌」當成娛樂，而在無意間獲得意外的啟發，並沒有什麼複雜或遠大的志向在推動他的研究。

佛萊明一八八一年出生在蘇格蘭農家，從小就非常聰明，長大後，他在倫

敦當醫生的哥哥資助他到倫敦讀書。他先就讀倫敦知名的皇家理工學院（Royal Polytechnic Institution，也就是現在的西敏大學〔University of Westminster〕），而後又在聖瑪麗醫院附屬醫科學校（St Mary's Hospital，也就是現在的倫敦帝國學院〔Imperial College London〕）取得醫生執照。

他不僅求學期間成績相當優異，畢業後更直接在大學內擔任醫科教授。從一個農家子弟當到大學教授，已經算是非常了不起的成就，但他真正的精彩人生，才剛要揭開序幕。

成為教授之後，佛萊明仍然保持著每天觀察細菌、與細菌為伍的習慣，甚至還會把細菌與微生物當成顏料，在培養皿中作畫或書寫。這看似無厘頭的胡鬧行為，其實需要很精密的知識與技術，因為他必須考慮適合的溫度、濕度與養分供給等條件，讓細菌們好好長大，只要有一點閃失，就無法讓細菌或微生物在自己預期的位置長出顏色來。

樂在其中的佛萊明，只為了有趣好玩，不帶任何目的性，開心的把這件事當成是日常生活的必要娛樂。如果硬要說他對這份研究工作有什麼期待，完全就只是出於熱情，與「想要知道更多關於細菌的一切」的好奇心。

例如某次感冒時，他把自己的鼻涕混和培養其他細菌，藉由觀察細菌們的變化，發現因感冒而產生的鼻涕裡面，可能含有某種帶有免疫效果的未知成分；又有一次，他忘記把實驗室裡的細菌樣本妥善隔離，等他休完長假回來，發現細菌樣本裡都長出黴菌了。如果是一般人遇到這種狀況，可能會懊惱，責怪自己怎麼會犯這種低級錯誤，然後把發霉的細菌樣本全數銷毀，重新培養一批新的細菌樣本。

但佛萊明的反應卻與眾不同，他竟然認真的研究起發霉的細菌樣本，並從中發現一種可以殺死黴菌的物質，就是後來的盤尼西林。

像佛萊明這一類能創造出卓越成就的天才們，大多不是基於使命感或什麼遠大的目標，他們更多是因為懷抱著有趣、好玩的態度，投入熱情與好奇心而樂在其中，最後才取得了重大的成就。中國的大思想家孔子就曾說過：「知之者，不如好之者；好之者，不如樂之者。」能全心投入工作，並在其中找到快樂的佛萊明，就是最好的例子。

第 2 章

創意不是天生，高手這樣訓練

01

日本首富的五分鐘創意發想

軟銀集團創辦人，孫正義（1957-）

軟銀集團（SoftBank Group）的創辦人孫正義，不僅是美國知名商業雜誌《富比士》（*Forbes*）日本富豪排行榜中的常客，自二〇一七年起更連續兩年榮登日本首富寶座。雖然富豪排行榜的名次高低會隨著公司市值有所起伏，但像他這樣出身ＩＴ產業，長期在資本市場獲得豐厚報酬的人物，在日本是非常少見的。

孫正義十九歲時，留學於加州大學柏克萊分校（University of California, Berkeley）並主修經濟。他認真好學的個性，讓他除了吃飯與睡覺之外的時間，全都用來讀書與學習；然而就在他全心投入課業時，父親病倒了，家裡恐怕無法再供應他旅居國外每個月高達二十萬日圓的生活費。

畢竟他家境原本就不算優渥，光是供應他出國讀書，已經是很大的壓力了；加上父親病倒，如果自己不開始打工賺錢，一定會造成家裡更大的負擔。遇到這樣的狀況，一般人就算再怎麼熱愛讀書，應該還是會認命的犧牲讀書時間，開始打工賺錢，但他要專注於學業，根本沒有多餘的時間可以分配給打工。所以孫正義認真思考：「有沒有什麼工作，是一天只要花費五分鐘，每個月就能賺到超過一百萬日圓的方法？」

他身邊幾乎所有朋友，都震驚於他這麼與眾不同的想法，紛紛建議他：「不要想那些不切實際的天方夜譚，好好找一家咖啡廳、認分的打工賺錢比較實在。」但孫正義並沒有因此放棄，他深信自己只要能發想出一個可被實現的創意，一定會有企業願意買單；他因此發展出一套**鍛鍊自己創意的方法**，**就是要求自己每天用五分鐘的時間，發想一個創意點子**。

這套方法，另外還有兩個條件就是：第一，每天只能花五分鐘的時間；第二，如果想了五分鐘，想不到任何點子，那就先放棄，明天再繼續。

在實行這套方法一陣子之後，他逐漸摸索出**創意發想的三種方式**：

第一種是問題解決法。正如同它的名稱一樣，創意發想要從找問題下手，再沿著這個問題，找出解決方案。

第二種是非線性思維法。舉例來說，他會試著改變日常事物的某一項條件，例如原本是體積較大的東西，有沒有可能把體積變小？或是相反過來，原本是體積較小的東西，在放大之後，有沒有其他更有價值的用途？又或是，原本被設計成是四方型的物體，如果改成三角形，在使用上是否有其他的可能性？像這樣反覆的思考嘗試，改變一般被習慣所框架的固有思路。

第三種是隨機結合法。應用方式就是結合現存的兩種物品，看能不能發展出新的創意，例如結合收音機與錄音帶，就會變成收錄音機。孫正義還為了要更加靈活的使用這種創意發想的方法，特地製作了三百張寫有物品名稱的小卡片，透過隨機抽取兩張卡片，訓練自己創意發想的可行性。

透過每天發想五分鐘的習慣，孫正義順利的蒐集了許多創意點子，然後又從這些創意點子當中，挑選出成功機率最高的項目著手開發，其中最廣為人知的就是多國語言翻譯機，最後他不僅說服了大學教授一起參與開發商品，更把這項商品賣給夏普公司（SHARP）量產上市。

孫正義這套每天只花五分鐘的創意發想方式，最有趣的地方在於，他預設了時間（每天五分鐘）與數量（每天想一個點子）的限制，強迫自己提高專注力。這種方式，不但任何人都適用，還能持續鍛鍊自己對於創意的發想，在此鼓勵每個人都嘗試看看。

02

好萊塢大導演的創意劇本

美國導演，昆汀・塔倫提諾
（Quentin Tarantino, 1963-）

曾執導過《黑色追緝令》（*Pulp Fiction*）、《追殺比爾》（*Kill Bill*）等好萊塢大片的美國導演昆汀，是一位智商高達一百六十的天才型導演，他以一九九四年的《黑色追緝令》與二〇一二年的《決殺令》（*Django Unchained*）等作品，兩度榮獲奧斯卡最佳原著劇本獎。

一般大眾對於好萊塢所謂的強檔巨片，會有一些既定的評價，例如劇本老套、劇情發展了無新意、內容充滿標籤化的刻板印象等。通常都是千篇一律的主角形象、遇到某個固定的情節公式、再以用膝蓋都能猜到的方法解決問題，最後套進一個快樂結局收尾，而中間就是CG動畫與特效塞好塞滿，除了聲光效果之外，很難稱得上有趣。

但昆汀所拍攝好萊塢電影，則完全跳脫傳統、固定的好萊塢電影公式，讓觀眾完全無法猜到劇情的發展與走向。例如某個看起來像是男主角的角色，因為一個微不足道的失誤，一下子就退場領便當；接著，另外一個想要殺掉主角的黑社會老大，陰錯陽差之下闖進同志的聚會所，結果被一群同性性侵。

像這樣不落俗套、讓觀眾們難以預測的劇情，就是第六十七屆奧斯卡最佳原著劇本獎的得獎作品《黑色追緝令》。

昆汀所導演的電影風格，充滿意外性的故事發展，並擁有他獨特的黑色幽默。而這種創作特質，可不是單單坐在書桌前告訴自己：「好！現在開始來寫劇本吧！」然後熬上個幾天幾夜就能寫得出來，而是得靠平常的觀察與紀錄，才能蒐集到源源不絕的點子。

據說昆汀會記下自己平常所聽到的有趣笑話，或是跟朋友閒聊時，對方的有趣經歷或故事。所以他往往會在與朋友的聚會結束之後，一回到家就開始認真回想，在剛剛的喝酒、玩樂與說笑過程中，有沒有什麼值得記錄的精彩故事。

畢竟腦袋再靈活的導演，也很難一直憑空想像出各種有趣的情節，而昆汀的這個習慣，對於寫劇本幫助很大。因為每當他腸枯思竭的時候，只要翻開筆記本，回想某一次朋友所說的玩笑話；或是幾年前在某個派對上，曾聽到與某人有關的英勇事蹟；又或是哪一次走在路上，腦袋中忽然迸出來的靈感，就能讓這些有趣的故事與驚人的創意點子，變成他故事裡的血肉，藉由大螢幕再次的顛覆觀眾們的想像。

雖然一般人的生活中，不太需要絞盡腦汁的編寫劇本，但昆汀的習慣，仍值得我們學習、模仿。只要養成習慣，**隨手記下平日聆聽或觀察周遭朋友們的生活，或許這些看似不相關的線索，能成為一個月或一年之後，改變生活或工作的關鍵。**

換句話說，這樣的習慣，能讓自己發揮出超越自己兩倍、三倍以上的能力，結合聽來的故事與朋友的經驗，善加利用就能讓平凡人變成天才！

03

賣翻全球的哈利波特是靠色筆寫出來的

《哈利波特》作者，J．K．羅琳（J. K. Rowling, 1965-）

《哈利波特》系列被譽為是當代出版品中最暢銷的成功作品，該書的作者J．K．羅琳極具戲劇張力的人生經歷也因而廣為人知。其中最著名的，就是她的人生隨著這部作品問世，產生了一百八十度的大翻轉。從原先因為常常在上班時間幻想而遭到公司開除，中間一度靠著政府所提撥的社會福利與住宅補助款艱苦度日，最後因為作品大賣，成為全球知名的女性富豪。

其次則是《哈利波特》一作，在第一部完成時，羅琳主動向各家出版社投稿推薦，但遭到十二間出版社拒絕。這些出版社拒絕的理由多半是「以兒童讀物來說，這個故事太長又太複雜了」，或者「這個故事的文字量太多了」等，當然，現在大家都知道，當初這些出版社的判斷有多失準。

羅琳在寫作的時候有個特別的習慣，就是她會先用色筆，繪製出故事中出場人物之間的關係，這個習慣在她寫《哈利波特》之前就已經養成。她在創作推理小說時，會用紅色代表嫌疑犯、藍色代表紅鯡魚（Red Herring，推理小說界常用的術語，指故意用來混淆讀者、隱藏真相，讓人無法立刻判斷出真凶的人事物）等，在紙上把設定分明的人物關係圖都畫好，並整理好故事的靈感與架構之後，才開始把整個故事打在電腦上。

隨著科技的進步，人們越來越習慣把所有東西都輸入到電腦或智慧型手機裡，但是根據學者的研究結果顯示：「**把想法或計畫寫在紙上的人，比起只用電腦輸入者，大腦的活動會更加靈敏**」。因此，越是靠創意發想來工作的人，越應該要常常使用紙筆整理大腦中的想法。像羅琳這樣頻繁的動手寫字，並且使用顏色來區分資訊，雖然看似不起眼，但對於想有系統的整理思緒來說，是個很有效的好習慣。現在就馬上準備好紙筆吧！

04

高手，永遠比別人多想兩年

日本知名投資家，是川銀藏（1897-1992）

日本有名的投資專家是川銀藏，以精準的投資眼光，在不動產、礦產等各個領域，均獲得豐厚的獲利，不僅曾榮登日本高額納稅者排行榜的榜首，更被譽為日本的華倫·巴菲特。

是川銀藏年輕時，第二次世界大戰尚未爆發，他因為研究、分析世界各國的預算編列狀況，發現美國突然開始大幅擴張軍事預算，因此推測美、日間即將開戰。

他推測在戰爭爆發後，軍隊的鐵礦需求量會急速上升，便立刻跨海前往當時還是日本殖民地的朝鮮成立鋼鐵公司。事情後來的發展果然如他所料，不久美、日開戰。雖然是川銀藏名下的公司與資產因日本戰敗而全數充公，失去了一切，但他的精準預測已經在世人心中留下深刻的印象。

一九五〇年代末，他從報紙的經濟產業相關報導中，察覺日本政府為了復興國內經濟，將展開各項重大的民生基礎建設，因此判斷幾年後，日本國內不動產的價格將會大幅攀升，便開始積極投資不動產。沒過多久，果然又被是川銀藏料中，他靠著不動產的投資生意獲利超過三億日圓。

緊接著，是川銀藏又從不動產飆漲與營建產業活絡的市場氣氛中，嗅到建材與原物料市場需求可能因此大增，於是在一九七七年的產業股價相對低點，開始投資當時沒什麼人有興趣的水泥相關產業。之後果然因股價飆升，賺得荷包滿滿。

是川銀藏以其驚人的洞察力，精準預測了市場動向與未來趨勢，其祕訣在於他隨時關注市場經濟的動向，於日常生活中養成了往後推估兩年趨勢的思考習慣。

更驚人的是，他的投資眼光並不依靠什麼內線或小道消息，而是跟一般人一樣，僅靠著每天報紙上的財經資訊，或政府公開的調查報告與統計資訊等，於整理歸納後加以分析與判斷，就能用精準的眼光，挑選出具有市場潛力的投資標的，讓他一次次的投資都能成功。

從市場投資的角度來看，長期投資其實非常枯燥無趣，投資人需要有一定程度的耐心與毅力，才有辦法在市場波動中維持穩健投資。是川銀藏與一般人不同的地方，就在於他以好玩、有趣的心態，磨練自己試著推估兩年後的情勢，藉以鍛鍊自己判斷的精準度，並提升投資相關知識。

至於為什麼是兩年？而不是一年或十年後呢？一般來說，十年以上的長期趨勢預測，需要建立在各種學術理論下的專業知識，還要透過建構經濟模型，或許才能略窺其一；而一年以下的短期趨勢，又因為資訊公開等因素，已經充足反映在市場價格上。所以要磨練自己對市場發展的準確程度，以兩年為期是最好的區間。

是川銀藏曾說過：「每個人終其一生，都會遇到兩、三次大好機會。至於能否把握住這個千載難逢的良機，就得靠平日的努力與身心的磨練。如果還能加上不斷思考的練習、落實自己的理論架構，就更能增加自己成功的機會。」預先「推估兩年後的狀況」，這個習慣不僅可以用在投資領域，也可以用在自己的工作與職涯發展上，甚至拿來規畫人生也很不錯喔！

05

別沮喪，反正你也沒什麼好失去的

日本數學家，廣中平祐（1931-）

菲爾茲獎（Fields Medal）有數學界的諾貝爾獎之稱，這個獎項有著極高的門檻，包括在數學研究領域上要有卓越的傑出貢獻，並且要未滿四十歲。就像許多職業運動員，到了某個年紀後，就不得不退出第一線的競賽場域，菲爾茲獎在數學學術界代表的，就是這個殘酷的年齡分水嶺。

廣中平祐是日本第二個榮獲菲爾茲獎的數學家，他以研究代數幾何學中的「奇點解消」，解開多年來沒有人能證明與破解的數學難題，在全球數學家中脫穎而出，獲得此殊榮。廣中平祐總是謙遜的說自己反應遲鈍，又不是太聰明，但這樣的傑出學術貢獻，如果不是天賦異稟，是很難達成的。

至於奇點解消究竟是什麼呢？我們在此暫且省略難解又專業的數學語言，用比較簡單的方式來比喻，例如用燈光照射彈簧，會在背景投射出彈簧的影子。隨著燈光照射角度的改變，影子會出現像是英文字母W的形狀。

也就是說，我們讓原本立體（三次元）的彈簧，表現出平面（二次元）的樣子；但如果反過來推導，平面（二次元）上看起來有稜有角的W字母，若轉成立體的三次元型態，很可能就會像是原本實體的平滑彈簧形狀。

而在這次元轉換的過程當中，原本二次元W的尖角（也就是數學中所謂的奇點），只要轉換成三次元就會被消除。廣中平祐的研究，所要證明的就是這件事：無論是何種型態的奇點，只要透過提高空間維度，就能被消除。

在廣中平祐之前，也有許多數學家曾觀察到奇點解消的狀況並提出各種假說，也有許多人挑戰過用數學理論以證明這個現象，但最後只有廣中平祐的證明方法能成功破解這道數學難題，也成為他贏得菲爾茲獎的主要原因。

綜觀全世界的天才數學家們，除了要有足夠聰明的腦袋來解決難題之外，更重要的是必須擁有減輕自己心理壓力與負擔的能力。畢竟在數學的領域中，有許多與奇點解消同樣知名的史詩級難題，讓全世界的天才們無不爭先恐後的投入畢生心力研究，想要獲得破解與證明的方法。他們為此埋首在為數可觀的論文與研究中，深怕自己花了數年心力想要證明與破解的難題，萬一被別人捷足先登的發表了，那這多年的努力與心血就等於付諸流水。

面對這樣的壓力，就算不斷鼓舞自己：「絕對不能錯過這個機會！我一定要成為世界上第一個提出證明的人！」也只是讓自己被得失心壓垮，這可不是個單靠努力就能獲得成果的世界。

然而，身在其中的廣中平祐，在面對難題挑戰時會先做好心理建設：「**因為我是個笨蛋，所以……。」就算一時解不開，也是理所當然的；但如果不小心被自己找到答案，那就是老天的眷顧，是自己很幸運。**

只要這麼想，他所承受的壓力就會大幅減輕。「因為我是個笨蛋……。」這句話對廣中平祐來說彷彿有著神祕的魔法，他不會因此產生負面情緒或自我崩壞，反而是讓自己能更以平常心專注在研究上，逐步踏實的往前邁進。

就像我曾聽過一位正準備創業的朋友，他會對自己說：「反正我也沒有什麼好失去的。」只要這麼一想，就能鼓舞自己、放手奮力一搏。姑且不論他們心中是不是真的如此豁達，但我們也可以學習這樣的方法，為自己先打預防針，用一些說法來減輕自己的心理負擔，就能一步一步、穩健踏實的前行。

06

找一件事，天天做

日本遊戲設計師，小島秀夫（1963-）

一般人如果挑選想看的電影，可能會特別看一下導演是誰，但如果是挑選想玩的遊戲時，就很少有人會特別注意製作人或設計師是哪一位。尤其在眾多遊戲玩家當中，很少人會特別強調「某某遊戲製作人所製作的遊戲絕對好玩，非買不可」，但小島秀夫就有這樣的魅力。

他所經手製作的每一部遊戲大作，都展現出強烈的個人特質，尤其是代表作潛龍諜影（Metal Gear Solid）系列，更開創了前所未有的遊戲體驗，打造出猶如電影般具有畫面張力與魄力的遊戲內容。

他更成為潛行類遊戲類型的先驅，獲得日本國內、外粉絲的極高評價。在傳統遊戲市場，潛行類的動作遊戲玩家多以男性為主，但小島秀夫所製作的遊戲，不僅受到原有玩家的喜愛，就連不是電玩遊戲主要客群的女性玩家，也深陷其中。

小島秀夫的生活作息十分固定，通常會在每天早上六點三十分出門上班，開始工作後，會冥想一個小時；接著，不管當天有多忙，都會花上一個半小時左右看電影。據說這個看電影的習慣，是受到父親的影響，因為看電影是小島家每天例行的娛樂，也因此在他所設計的遊戲中，經常可以發現一些電影慣用的畫面與手法。

原本小島秀夫的夢想是成為電影導演，但後來沒能當上導演，轉而進入遊戲公司科樂美（KONAMI）工作。由於早期製作遊戲的技術水準與現在完全不同，當時3D電腦繪圖能達成的效果也不好，所以前期發行的潛龍諜影遊戲，並無法呈現出電影視覺般的震撼效果。

直到電腦科技與軟硬體技術，漸漸能追上小島秀夫的想像力之後，他才大量借用電影元素，製作出許多充滿魅力與全新視覺體驗的遊戲作品，開始被人視為是該類型遊戲界的先驅。

據說，好萊塢知名影星湯姆・克魯斯（Tom Cruise）也有類似的習慣，他會每天看一部電影，而且還是用靜音模式播放。因為他想把所有的注意力，都放在電影畫面上，讓自己能更深刻的吸收到電影的畫面與演員的演出，並從中磨練自己的表演功力。

這兩個人因為工作的關係，要求自己每天都要看一部電影。但是對於工作與影視產業或許沒有直接相關的我們，也**應該要思考看看，有什麼事情可以為我們的工作帶來靈感，並且也要養成自己無論多忙碌，都要持續吸收、學習的習慣。只要能長時間的維持下去，一定能從中獲得成長與靈感的養分。**

07

孩子的玩具不只是玩具

法國時尚設計師，伊夫．聖羅蘭
（Yves Saint Laurent, 1936-2008）

聖羅蘭可以說是二十世紀時尚界最偉大的設計師之一，他還不到二十一歲就當上知名國際時尚品牌迪奧（Dior）的首席設計師，而他對時尚的靈敏度與天分，從兒時就能看出端倪。與其他同齡孩子不同，他在十歲左右，就能親手製作可以換裝搭配的手工娃娃，而他十四歲時製作的娃娃，至今仍被伊夫．聖羅蘭基金會（Fondation Pierre Bergé - Yves Saint Laurent）收藏展示。

除此之外，他也喜歡剪下各種流行雜誌上的模特兒圖片存檔，並為這些模特兒換上自己所設計繪製的洋裝、裙飾等，挑戰各種風格的造型與設計。這些別人看似小朋友玩換裝遊戲的舉止，可不是想像般簡單，他之所以能引領法國巴黎的流行時尚，靠得就是這些自小訓練的審美觀與時尚設計能力。

從遊戲中找到創意與靈感，並活用在專業的工作與研究中的人，可不只有伊夫・聖羅蘭這個例子而已。像是生物學家詹姆斯・華生（James Watson）與弗朗西斯・克里克（Francis Crick），為了破解DNA分子結構，也製作了許多像小朋友在玩的拼圖遊戲，他們一邊試著組合、一邊尋找是否有完全相合的構造，最後終於解開DNA的結構。

另外一個例子，則是谷歌的共同創辦人賴利・佩吉（Larry Page）。他非常喜歡樂高積木，所以在他創業初期，當他拆下舊電腦的零件想組裝成一部伺服器時，這部伺服器的外殼就是使用樂高積木製作。

而據說在工業設計領域，有許多設計師會在設計構思的階段，用樂高積木先組裝出產品的外型。換句話說，樂高積木不只是小朋友的玩具，更是許多專業人士發揮創意、實驗可行性的靈感來源。

所以不論是娃娃、拼圖或樂高積木，我們可不要小看這些孩子們的遊戲與玩具，只要善加利用，在工作或專業領域上也能帶來意想不到的效果。畢竟這些孩子們的玩具，多半具備有多元開放以及一看就懂的特質，而這樣的特質，正是激發我們創造力的核心概念。如果只是因為覺得自己已經長大，就遠離這些能激發創意的事物，是一件很可惜的事。

08

沒有靈感時，就去散步吧！

名作曲家，路德維希・貝多芬
（Ludwig Beethoven, 1770-1827）

貝多芬是音樂史上最重要的作曲家之一，他不僅將古典主義樂派發揮到極致，還開創出新的風格，成為浪漫主義樂派的先驅。他經常被拿來與莫札特（Wolfgang Amadeus Mozart）相提並論，但與莫札特從頭到尾一氣呵成的作曲方式不同，貝多芬的作曲方式，常從簡單的發想開始，經過一次次的修改，才近乎完善。這種差異，可能跟貝多芬獨特的創作習慣有關，因為他並不是安靜的坐在桌子前面埋頭譜曲，而是習慣一邊散步、一邊構思樂章。

每天午餐後，貝多芬通常會帶著紙筆出門散步三到四個小時，他喜歡獨自漫步在維也納的森林中，只要腦袋裡浮現任何靈感，他就會立刻拿出紙筆記錄下來。

因為是靈光一閃，所以這些草稿作品多半還不夠成熟，需要更長的時間醞釀與思考，所以他也會利用午後的散步時光，修改與編寫這些樂曲，許多我們耳熟能詳的莊嚴、雄偉交響曲，都是這樣誕生的。

除了貝多芬之外，也有許多傑出人士會將散步納入每日的表定行程。例如十九世紀，活躍於維也納的大作曲家古斯塔夫・馬勒（Gustav Mahler），據說也會仿效貝多芬在午後散步三到四個小時。

近年來許多研究也證實，**散步確實有助於提高創造力。例如二〇一四年，史丹佛大學（Leland Stanford Junior University）教育學院的研究報告就顯示，比起坐著，人類在走路的過程中，大腦更容易靈光乍現。所以走路有助於萌發新創意，平均可提高六〇%的創造力。**

對於上班族來說，每天要撥出三到四個小時散步比較難，可以把目標改成搭公車或捷運時，提前一站下車，再步行到工作地點，或是利用假日撥出一小段散步時間。就從今天開始吧，利用一個人散步時，拿來思考一些工作、創作或生涯規畫等內容，跟其他時時刻刻都在放空的人相比，一定會出現天壤之別。

09

容易被感動的人，才能創造感動

蘋果電腦創辦人，史蒂夫・賈伯斯（Steve Jobs, 1955-2011）

有關蘋果電腦創辦人賈伯斯的許多奇特習慣與逸事皆已流傳於世，例如他會在想要轉換心情時，把腳放進公司廁所的馬桶裡，並按下沖水按鈕洗腳；又或是他堅信只吃蘋果就能淨化身體，所以不須靠洗澡清潔，以至於與他共事的同事們，必須忍受他強烈的體味。

當然，還有最廣為人知的，就是他每天早上都會對著鏡子問自己：「如果這是我生命的最後一天，我還會想去做這些行事曆上表定要做的事情嗎？」這確實是個頗有建設性的習慣，但我覺得這些傳聞中的習慣，都無法真正體現賈伯斯的性格特質。真正最能貼近他性格特質的習慣，應該是愛哭。

許多人會覺得賈伯斯在設計商品時，一貫以極簡、純粹的設計感來打動人心，但他所追求的，並不只有生產效率而已，他更重視使用者的感受與使用經驗，這包括外觀造型與軟硬體介面等。這表示他對情感的感受，必須十分細微、敏感，而他也確實經常受到情緒的波動而落淚。

賈伯斯年輕時，剛與史蒂夫・沃茲尼克（Steve Wozniak）共創蘋果電腦，每當他在工作上受挫或心情感到低落時，總會激動得大哭。甚至在公司壯大後，當員工提出與自己想法不同的商品提案時，他也偶爾會在員工面前就這麼哭了出來。

賈伯斯之所以會如此輕易展露自己的真實情感，是因為他具有容易被觸動的感受力。就像他說過的：「我總是能感受到心中那分完美的無瑕與純粹，因為那是最純淨的靈魂與愛。只要被觸動，我就會不經意流下眼淚。」這句話代表的正是他卓越非凡的豐沛感受力。

在成長的過程中，我們每個人都曾是毫不掩飾自己情緒的孩子，但長大後成為不在別人面前哭泣的拘謹大人，甚至我們會覺得在別人面前落淚，是一件丟臉的事。縱使直接的表露情緒，在某些職業領域上，會給人影響專業的評價，但我個人還是認為，感動時就應該要毫不掩飾的表現出來，才是一種健康的態度。

如果一個人無法被任何真、善、美的事物所感動，那他應該也無法創造出同樣等級的完美作品吧？

10

有時間抱怨，不如說說自己的夢想吧！

矽谷創業家，賴瑞・艾利森
（Larry Ellison, 1944-）

矽谷創業家艾利森是坐擁億萬身家的全球排名前五大富豪之一，他以開發資料庫起家，事業草創於一九七〇年代末期。一開始，他僅用手邊的一千兩百二十美元，創辦一家名為軟體開發實驗室（Software Development Laboratories）的公司，之後又陸續向親友們募得了八百美元來挹注公司運作，換句話說，公司初期的資本額約只有兩千美元左右。

而這家在當時看似無足輕重的小公司，後來改名為甲骨文（ORACLE），艾利森瞄準當時才剛要起步的電腦科技產業，並想著如何運用相關技術，創造出一個能在電腦中記錄傳統紙本資料的有效系統（以現在的說法就是數據資料庫的商業化應用），又經過一段時間的成長與發展，目前甲骨文已經是全美國營業額排名第二的巨型企業。

艾利森的成功關鍵，在於他從年輕時就不斷思考：「到底要怎麼樣才能賺大錢？」而且打從他還是一家不起眼的小公司職員時，艾利森就深信自己將來一定會創業成功、成為大富豪。

所以他不僅毫無顧慮的大手筆購入高級轎車，還經常享用奢華料理。甚至在他跟朋友們一起喝咖啡聊天時，他也習慣高談闊論那些看似遙不可及的夢想，例如：「等我成為富豪之後，要買哪一棟大樓才好呢？」艾利森只要一有空，就會十分熱衷的與同事們討論如何增加收入等話題，而當時與他一起工作的同事們，日後也有許多人都進到艾利森所創辦的公司上班。

雖然一般社會大眾對於艾利森私生活的評價，與潔身自愛一點都扯不上關係，尤其在他的自傳中，描述了種種奢華的放蕩情境、複雜的男女關係，甚至他曾經為了搭訕女性而延誤了與政府官員的開會時間等，離經叛道的程度令人大開眼界。但他深信自己夢想會實現、執著於追求夢想，並且毫不害羞、坦率表達自己想法的態度，依舊值得我們學習。

其實我並不相信那種只要大聲說出自己的目標，願望就會被實現之類的神祕學方法，但不得不承認，只要我們敢向大家聊聊自己的夢想，並討論在實踐夢想時，可能會遭遇到的問題等，我們就能更進一步克服距離問題，實踐夢想。

所以**與其在休息或用餐時間，不斷向身邊的朋友或同事發牢騷、抱怨公司、埋怨社會，不如把時間拿來說說自己的夢想，或許還更有意義些。**

11

把力氣花在「如何被看見」

發明家，湯瑪斯．愛迪生（Thomas Edison, 1847-1931）

提到高超的簡報技巧，許多人腦中第一個浮現的，通常會是賈伯斯。畢竟當年他在蘋果公司的新產品發表會中，每一次上臺簡報新產品，總會因為他的戲劇張力與演講魅力，讓產品獲得大眾的矚目。而賈伯斯式的簡報技巧，至今也仍受到各種商業簡報場合的大量運用與仿效。

但是像這樣把簡報、提案與行銷宣傳應用到爐火純青的始祖，其實並不是賈伯斯，而是我們耳熟能詳的發明家——愛迪生。

通常我們聽到愛迪生時，總是會在前面加上發明大王的稱號，但是讓眾人跌破眼鏡的是，大家對於愛迪生是發明大王的印象，其實是靠公關宣傳技巧的營造與包裝。不信的話，只要去查閱相關歷史資料就能發現，沒有任何一件物品或專利，是由愛迪生獨自發明或創造出來的。

就拿約瑟夫・斯萬（Joseph Swan）這個人來說，應該沒什麼人知道他是誰吧？其實他才是真正發明現代燈泡原型的人，但是大家只知道愛迪生，卻沒有人記得斯萬。回顧一八三五年時，首先由詹姆斯・鮑曼・林賽（James Bowman Lindsay）發明了原始電燈泡的雛型；然後在一八六〇年時，斯萬以此為基礎，研發出現代我們大家所熟知的電燈泡原型。那愛迪生跟電燈泡又是什麼關係呢？大家不是都說電燈泡是愛迪生發明的嗎？

簡單來說，愛迪生的貢獻只有研究出：如果把斯萬版本的電燈泡改用竹絲當成燈絲材料，可以延長電燈泡的壽命，如此而已。但明明兩個人都在研究類似的題目，其中斯萬還占了大部分的功勞，怎麼後世看起來，燈泡像是愛迪生一個人發明的，大家竟然完全遺忘斯萬這個發明家？

那是因為愛迪生擅長發表簡報與自我宣傳，以至於大眾對於愛迪生的印象深刻；但是對於整天窩在實驗室研究的斯萬，他既不會包裝也不會行銷自己，所以大家根本不知道他是誰。

舉例來說，在發現電燈泡可以用竹絲當成燈絲材料前，燈泡持續發亮的時間其實很短，甚至連五分鐘都不到，所以這樣的發明，根本沒有商業化的價值。但是愛迪生透過操作媒體，找了一位記者參觀實驗室，並點亮燈泡給記者看。

不到五分鐘，愛迪生就把記者帶出實驗室，而且當記者採訪他：「請問剛剛那顆電燈泡可以發亮多久呢？」愛迪生竟然能泰然自若的睜眼說瞎話，回答說：「近乎永久。」

我們應該要指責愛迪生在這個節骨眼說謊嗎？其實是因為愛迪生知道，只要能讓自己的名字與現階段的成果，大篇幅的被刊登在報紙上，他就能獲得更多的研發資源與投資。

畢竟研究與發明工作，必須依靠大量的人才與員工，如果不想單靠一己之力，辛苦漫長的研究發明，那就需要更多資金的挹注，才能找到優秀的人才加速研發。所以愛迪生想出來的辦法，就是創造話題、吸引注意，而這也養成他靠簡報與提案來爭取資源的行事風格。

最後，愛迪生所率領的研究團隊，果然搶先找到利用碳化後的竹絲當成燈絲材料，可以大幅提高燈泡壽命的方法，終於讓電燈泡能在日常生活中獲得長時間發亮的實用效果。

另外一個例子，也可以看到愛迪生十分善用行銷技巧達成宣傳優勢的功力，那就是「電燈泡研發成功後的發表活動」。一般的發表會，頂多就是邀請記者媒體到現場，然後業者把研發成果展現在大家面前，就算圓滿完成。但是愛迪生想要用更具戲劇張力、更有群眾渲染力的方式呈現，所以他預先在某一條街道上掛滿電燈泡，等到天黑時再一起點亮，讓整條街道因為電燈泡而大放光明。

在當時，每到夜晚就一片漆黑的時代，這樣的手法果然讓大家留下深刻的印象，就如同他所預料的，成功吸引到全世界的目光。

如同一開始所說的，在當時，有無數發明家都致力於電燈泡的發明與研究，而在斯萬成功的研發出第一款電燈泡後，又有無數發明家們前仆後繼的投入，想找到延長發光時間與燈泡壽命的新素材。

但是愛迪生採用的策略，不是跟著大家一起在紅海中競爭得血流成河，而是巧妙的運用宣傳技巧，吸引投資人、延攬優秀人才，最後成為這場競賽中的勝者。

　　這也讓我們學會，如果想在激烈的商業競爭中獲得勝出的機會，學會包裝自己讓別人留下深刻印象，吸引大眾目光，絕對是搶先一步超越對手，贏得勝利的關鍵方法。

12

受歡迎的祕密，都在經典裡

日本動畫配樂大師，菅野洋子（1963-）

菅野洋子是日本最具代表性的動畫配樂大師，她有許多知名的動畫配樂作品，例如《超時空要塞外傳》、《星際牛仔》等，都在日本海內、外廣受好評，享有極高知名度。

就算你從來沒有聽過這個名字，但是她的音樂作品，你也一定耳熟能詳，在日本許多綜藝節目或新聞節目中，經常使用她的音樂作品當成背景音樂，而且不只是動畫、電視節目的配樂，就連晨間連續劇《多謝款待》、大河劇《女城主直虎》等戲劇作品，也都由她負責配樂的工作。

菅野洋子就讀日本早稻田大學時，就開始參加樂團活動，並經常在酒吧裡演奏。由於客人與店家，常常會要求菅野洋子的樂團演奏一些當時流行的熱門曲目，例如麥可．傑克森（Michael Jackson）或瑪丹娜（Madonna）等，這些流行金曲她反覆演奏過無數次。

每當她再次被點奏這些曲子，她就會一邊演奏一邊分析，思考這首曲子到底是哪個部分讓客人如此著迷。也因為這個習慣，菅野洋子的作品有一個特色，就是她十分重視要創作出什麼樣的曲子，才能讓人百聽不膩。

因此當《星際牛仔》的導演渡邊信一郎，第一次聽到菅野洋子為動畫作品所創作的試聽帶時，他不可置信的問說：「這些曲子，真的是一個人獨自所創作出來的嗎？」而《∀鋼彈》的導演富野由悠季也說過類似的話：「這些作品，真的是出自一名女性音樂人，並且由她獨立完成的嗎？」

最主要的原因，正是因為菅野洋子的風格橫跨東西方的各種音樂類型，無論是古典樂、搖滾樂、電子舞曲鐵克諾（Techno）與流行音樂等，她都有所涉略，而且不時會從各種類型的音樂中，巧妙擷取、吸收讓人喜愛的元素，才讓人對於她作品的多元豐富感到驚豔。

可能有些人會說：「這樣只是剪貼跟抄襲吧？」但菅野洋子的風格跟盜用、仿作，完全不是同一個等級，她是經過自己徹底的分析、研究，吸收各種作品的優點與特色，再內化為自己的創作能量。

所以如果我們身邊，有什麼人的優點特別突出，並受到大家的肯定，我們也可以學習菅野洋子的方法，加以分析、研究這個人的優點，並內化成自己的特質，或許就能像那些優秀的人一樣，受到大家的青睞。

13

流行也可以套公式

美國知名編劇，丹・哈蒙
（Dan Harmon, 1973-）

美國NBC電視臺的知名編劇丹・哈蒙，曾兩度被提名艾美獎（Emmy Award）。雖然在日本的知名度並不算高，但他所參與製作的劇集都極受歡迎，例如情境喜劇《廢柴聯盟》（*Community*）或科幻動畫《瑞克和莫蒂》（*Rick and Morty*）系列等。

哈蒙在構思或編寫劇情時，只要遭遇到卡關，就會拿出左頁的這個架構公式來幫自己脫困。而這套被稱為故事迴圈（Story Circle，也有人稱為故事胚胎）的公式，是他在研究過許多影視作品後，所歸納得出的好故事基本架構。

這套架構在創作者之間廣受好評，尤其適用於哈蒙所從事的喜劇領域，我們只

▼ 故事迴圈示意圖

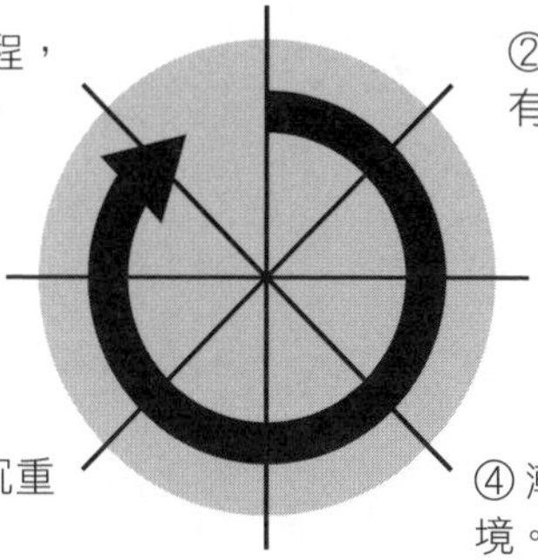
①一開始，人物角色處在自己的舒適圈。
②接著，產生想要擁有某些事物的欲望。
③為此，進入一個不熟悉的陌生環境中。
④漸漸適應了新的環境。
⑤進而得到自己想要的事物。
⑥卻為此付出沉重代價。
⑦再次回到自己熟悉的舒適圈。
⑧角色因為這個過程，而發生了一些改變。

要稍微回想一下，過往那些曾經認為很有趣的故事，就會發現，這套公式幾乎能完全適用。

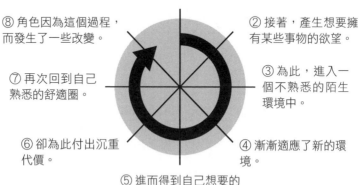

哈蒙就是依靠這套公式，讓自己在陷入創作困境時，有一個指標能引導自己，接下來應該要怎麼發展才最適合。如同有些流行音樂創作者，在靈感枯竭時，也會參考過去曾經流行過的熱門金曲，並從中尋找創作靈感。

又或是不同類型的創意工作者，也會運用類似的方法，在思緒卡關時拿出預備好的公式模組，引導自己進行下一步，以免自己因為沒有靈感而讓工作進度停滯，陷入創作當機的窘境。

我有一個朋友，甚至會把這套公式運用在聊天之中，尤其是與初次見面的異性聊天時，由於不知道該從何開啟對話，所以他會先從兩人所共處的空間著手。

例如在咖啡館，就聊店裡的空間設計、擺飾、菜單等，接下來再稍微拉近距離，把相關話題從自己引導到對方身上。例如先分享自己在家裡使用義式咖啡機的經驗，再接著問對方關於咖啡口味的喜好等。

這個「把話題從自己引導到對方身上」，就是這套公式的關鍵之處，先分享一些跟自己有關的事，再提出一個開放性的問題（不是二選一的句點答案，要讓對方可以盡量分享自己）。

這麼一來，就容易打開對方的心房，讓兩個人之間的交流可以頻繁一些，不至於無話可說。這套聊天公式可以拿來做各式各樣的社交應用，著實讓我印象深刻。

總而言之，只要預先幫自己的工作或日常生活，準備一些「在遭遇狀況時，可以隨時應變使用的公式模組」，就不會在狀況發生時，陷入手足無措的窘境。

第3章

每一天都拉開差距的技巧

01

只有家人會跟你說實話

電影配樂大師，顏尼歐・莫利克奈（Ennio Morricone, 1928-2020）

在國際影壇中，媒體只要提到史上最偉大的電影配樂製作人，多半都會提到約翰・威廉斯（John Williams），他曾為《星際大戰》（*Star Wars*）等經典作品配樂；另一位是本篇要介紹的顏尼歐。顏尼歐出生於羅馬，先是在塞吉歐・李昂尼（Sergio Leone）擔任導演的《四海兄弟》（*Once Upon a Time in America*）一片中嶄露頭角，接著以《鐵面無私》（*The Untouchables*）一片獲得葛萊美獎，他更曾經六度被提名奧斯卡，並終於在二〇一六年獲獎。在近代電影配樂的領域中，顏尼歐無疑占有一席之地。

這位電影配樂大師在工作上有一個特別的習慣，就是每當他完成一首作品時，都會先讓他的妻子試聽。所以顏尼歐的妻子，通常會比電影製作團隊還要更早聽過作品，在顏尼歐的創作過程中，他妻子也會給予各種具有建設性的建議。

例如旋律是否吸引人、曲子是否能配合電影的畫面氛圍等，甚至有傳聞說某些作品的導演，如果無法決定要採用哪一首配樂，也會徵詢他妻子的意見。明明顏尼歐就是比任何人都還要厲害的電影配樂大師，為什麼他還會如此重視自己妻子的意見？況且他妻子只是一位沒有經過專業訓練的素人。

這是因為無論從事什麼工作、有多專業，人們都無法客觀評價自己的作品。就像廚師或從事料理工作的人，由於長時間都沉浸在自己料理的色香味氛圍之中，反而很難給予自己料理準確的評價。因此透過第三人的角度，給予客觀、理性的建議，是非常重要的。但是我們一般在徵詢公司同事或朋友意見時，多半只能聽到「我覺得還不錯啊」這種不得罪人又模稜兩可的回應。

所以**朝夕相處的家人，比較能給予直接且正面的回答，因為他們不會特別去揣測你想聽到的答案，而能直接說出真正的意見與感受**。

顏尼歐在二〇〇七年時，獲得奧斯卡頒發終身成就獎的殊榮肯定，他在臺上誠摯的表達出對妻子的感謝，他說：「我要將這份榮耀獻給長年與我相伴的妻子特拉維亞（Maria Travia），謝謝她為了照顧家庭奉獻了自己的人生。特拉維亞，妳是我一生的摯愛。」

02 你要努力，但不能光靠努力

漫畫《七龍珠》作者，鳥山明（1955-）

出生於一九六〇年的韓國人李鍾龍（音譯），他在二〇〇〇年時，因為創業失敗、公司倒閉，負債約三億五千萬韓圓（約等於新臺幣八百五十萬），這筆巨額債務對於四十歲中年失業的他，根本就是無力償還的天文數字，萬念俱灰的他過了一整年行屍走肉般的生活。

到了二〇〇一年，他心念一轉，覺得自己不能再繼續頹廢下去，於是他決定要認真賺錢償還負債。

但是此時的他，已經很難找到正職工作，所以他決定靠打工賺錢，持續了好長一段時間，他每天都接七份工作、只睡不到兩個小時，幾乎是燃燒生命在打工還債，靠著每年可賺取約五百萬日圓的打工收入，終於在二〇〇八年的十月，還清了所有債務。

李鍾龍這種不要命的打工還債方式，一瞬間成為大眾討論的熱門話題，他更曾經以「打工王」的身分受邀參加電視節目的訪談，甚至還有出版社請他將這段經歷，撰寫成《三億五千萬韓圓的戰爭》一書。

但令人萬萬沒想到的是，這麼困苦撐過打工還債地獄的他，卻因為長年過勞，在二〇一二年被檢查出罹患大腸癌，過了兩年，就離開人世。

在李鍾龍的傳奇故事中，我們獲得了一個啟發，那就是：努力工作雖然沒錯，但人的時間、精力與體力都有限，不能只靠努力、勤勞硬拚。每個人都會想要把工作做到完美，但預算與時間截止日都是有限的，所以我們一定要常常問自己：「有沒有可以用最小程度的努力，獲得最大成效的方法呢？」

以漫畫《七龍珠》聞名全球的漫畫家鳥山明，是眾所公認的漫畫之神，但他的成就可不是單靠拚死努力獲得，他習慣思考、尋找能讓工作更簡單完成的方法。

例如在《七龍珠》裡，有許多部的故事開場，是反派外星人抵達地球之後，以強大的破壞力將城市破壞殆盡，而許多跟主角之間的戰鬥場景，也會選在這些廢墟或曠野中，最主要的原因就是鳥山明懶得畫建築物。

因為要把一座完整的幻想都市畫出來，有許多細節要注意、會額外花不少時間，所以直接使用已遭破壞的廢墟或曠野當作劇情場景，不僅能讓讀者感受到反派角色的殘酷性格與強大武力，又能節省作畫的時間，完全就是一石二鳥的好方法。

又例如《七龍珠》的主角孫悟空，其角色的能力經過事件會成長，之後變身成超級賽亞人。而超級賽亞人的特色就是頭髮會瞬間變白（動畫版是變成金黃色，但漫畫中則是變成白色），這也是因為他懶得替角色的頭髮上色之故。

用這種簡單的方法，不但可以縮短繪製的時間，還能表現出主角變身前後的差異。甚至，悟空為了對抗強大的反派角色，而必須進入異次元空間精神時光屋中修煉，鳥山明幫精神時光屋所做的設定，也是一個什麼都沒有的空間，相信大家應該都能猜到原因，沒錯，這麼一來就不用畫背景了。

這裡並不是要數落鳥山明，說他是個偷懶專家，而是從專業的角度來看，正是因為他比誰都努力，才會想辦法做出這樣的調整，以跟上漫畫週刊連載的超緊繃進度表，甚至能進一步提高自己的創作產能。

所以提醒大家，不要執著在「想依靠努力、勤勉來獲得成果」，這不是唯一的方法。**無論做什麼事，如果能養成先思考「有沒有可以更簡單，就能聰明完成的方法」，相信就有機會用最小程度的努力，創造出最大的工作效果。**

03 入睡前先思考隔天的工作排程

DeepMind創辦人，傑米斯・哈薩比斯
（Demis Hassabis, 1976-）

曾經擊敗人類圍棋冠軍的電腦軟體「AlphaGo」，是由DeepMind這家公司運用人工智慧與深度學習的技術，所開發完成的圍棋程式。

在AlphaGo出現之前，所謂的AI人工智慧只能使用傳統的運算邏輯，與人類大腦的運作方式仍相去甚遠；而AlphaGo的真正價值，在於藉由演算法的深度學習，讓電腦可以將累次獲得的資訊，經過縝密的計算、考量可能的結果後，活用於各種領域，而不只是用在圍棋對弈上。

例如傳統的AI人工智慧，也可以拿來下西洋棋，但它所使用的方式，是藉由電腦的快速運算，計算出西洋棋盤上雙方所有可能的走法，再選出勝率最高的方式

應對。

這是由於西洋棋的規則固定、範圍明確，所以電腦的快速運算就足以使用。但是像圍棋這種有無限可能走法的遊戲，若只單靠電腦的快速運算，其實很難獲得明顯的成效。

所以當時的ＡＩ人工智慧，最大的問題就在於不具備玩西洋棋以外的能力。直到哈薩比斯創立DeepMind（二〇一〇年設立研究中心，二〇一四年被谷歌用五億美元收購），ＡＩ人工智慧才開啟了嶄新的一頁。

哈薩比斯被譽為二十一世紀最厲害的天才之一，這位天才有個特別的生活習慣，就是他在睡前，會稍微處理一下明天的工作內容，先為明天的工作預作準備。

習慣在晚上工作的他，通常會在凌晨四點就寢，上午十點起床，然後到公司。晚上回家吃晚餐，與家人共度家庭時光，直到晚上十點或十一點左右，他則會回到自己的房間，開始準備明天的工作。

此時，他會閱讀一些與人工智慧領域相關的最新論文、思考一些複雜或困難的工作內容。哈薩比斯把夜深人靜的時候，視為是動腦鍛鍊的最佳時光，並拿來從事一些需要思考與創造力的工作。

以我的猜想，哈薩比斯習慣在睡前處理一些隔天的工作內容，其實並不是真正在處理公務，而是預先在腦海中醞釀、思考，尋求解答。因為根據研究，在入睡前所思考的問題或難解的疑問，通常在起床後，有很高的機率可以獲得答案。

相信有很多人都曾經經歷過，早上一進公司，坐在辦公桌前，卻一臉茫然不知道究竟應該從哪裡開始、或要先處理哪件事才好的經驗。

如果想解決這問題，不妨採用哈薩比斯的方法，**在前一晚入睡前，先思考一下明天的工作排程，預先將隔天的工作項目與順序寫下來。這樣一來，隔天起床就不會茫然不知所措**，自然就能感受到一整天業務進展順利或工作效率十足的效果。

04

覺得哪裡怪，就要說出來

Linux 系統開發者，林納斯．托瓦茲（Linus Torvalds, 1969-）

非蘋果陣營的電腦作業系統有兩大巨頭，一個是由微軟所開發、須付費使用的 Windows 系統；而另一個則是由托瓦茲所領軍開發，可免費使用的 Linux 系統。

由於一般市面上非蘋果陣營的智慧型手機多採用 Linux 系統，所以目前的 Linux 市占率已超越 Windows，而托瓦茲也被視為是比爾．蓋茲最大的勁敵，甚至我們可以說，如果比爾．蓋茲是收費軟體的王者，那托瓦茲就是免費軟體的霸主。

其實 Linux 是以開放原始碼的形式，提供給全世界的使用者與程式設計師，在自己所需要的範圍內，不斷更新、改善，而托瓦茲所率領的團隊是這套系統的主要負責人。

照理說，開源軟體是開放給大家一起參與並貢獻所長，但在維護 Linux 的團隊中，程度不夠優秀的工程師卻很難待下去。因為托瓦茲對於看不順眼的東西，幾乎無法容忍，會完全不顧對方心情的破口大罵，不管是程式碼出問題或是設計讓他不滿意，馬上就會招來嚴厲的批評。

而且他說話刻薄、難聽的程度，也會隨著問題的嚴重性變本加厲，只要他發現的問題越大，罵人的內容就越不堪入耳，有時甚至會罵出「你是白痴」、「怎麼會跟豬一樣笨！我都被你寫出來的蠢程式嚇傻了」這類人身攻擊的情緒性發言。

他還曾對開發出使用介面不佳的團隊說：「開發出這種爛東西，怎麼不去死？死了對世界還比較有貢獻！」據說他之所以罵人這麼不留情面，是因為他更在乎 Linux 的功能性，因此就算會破壞工作氣氛、傷害對方自尊，他也在所不惜。

但必須很遺憾的告訴大家，這種毫不掩飾的罵人方式，也正是許多成功經營者或創業家的共通毛病。例如比爾．蓋茲會對偷懶的員工大吼：「還不趕快給我滾回去工作！」或是當員工拿不出讓他滿意的成果時，他也會冷嘲熱諷：「是不是要我親自動手，才能把事情做好？」

而在二〇一八年超越比爾．蓋茲，成為世界首富的前亞馬遜（Amazon）執行長傑夫．貝佐斯也是以毒舌聞名，他曾在會議上朝發言沒有內容的人說：「你為什麼要浪費我的時間？」或是用冷酷的口氣，對簡報內容很無聊的人說：「你的簡報爛到讓人想死一死算了。」

京瓷的創辦人稻盛和夫曾經說過：「小善如大惡，大善似無情。」這是說，如果不滿意對方所提出來的成果，但嘴裡卻說：「辛苦了」、「還不錯！」雖然可以維持和諧的人際關係與圓融的氣氛，但這對企業經營的成效，一定會帶來不良的影響，就是所謂的小善如大惡；但相反的，如果發現有什麼地方不對勁，就算破壞和諧、不顧情面，也要直指錯誤來維護企業經營的利益，那這就是大善似無情。

雖然托瓦茲罵人罵到幾乎是人身攻擊、羞辱霸凌的程度，也毫無正當性可言，這一點沒有什麼值得學習的地方。但**建議身為主管的讀者們，一定要勇於敢言指正，誠實告訴同事、部屬們，你對他們的工作評價為何，只要是對工作有幫助的建議，在理性溝通之下，一定能創造出與過往全然不同的績效。**

05

永遠都要有備案

知名電影導演，山姆．雷米
（Sam Raimi, 1959-）

知名電影導演山姆．雷米，以《屍變》（*The Evil Dead*）一片出道，因為極低的成本與新奇的創意，不僅獲得觀眾的喜愛，而後更因此躍升為好萊塢名導演，執導出《蜘蛛人》（*Spider-Man*）等系列作品。

他的出道過程十分傳奇，因為一開始在製作《屍變》時，還沒有什麼預算，所以他只能靠創意克服沒有經費的問題。例如《屍變》有一段畫面是惡靈追殺主角的情節，雷米一反常態的選擇從惡靈的視角，呈現出主角們的驚恐狀態，這對當時的觀眾來說是非常新奇的體驗。

但這個獨特的創意，其實是因為預算不足，所想出來的權宜之計。畢竟把畫面切換成惡靈的第一人稱視角，就不用考慮惡靈本身的化妝與特效，在預算有限的情況下，簡單就能呈現這段劇情。

雷米異於常人的創意，也常展現在電影的製作過程中，例如他拍攝一部電影時，會同時使用兩位剪輯師，並分別比較兩位剪輯師所剪輯出來的影片版本，再從中挑選適合的部分來完成整部電影。

而雷米在一部電影之中使用了兩位剪輯師，並且讓他們各自作業、不互相交流，就是希望他們可以依照自己的風格與想法來剪接影片。

如此一來，雷米就可以獲得兩個完全不同風格的影片，再將這兩個影片細細比較，從中挑選處理方式較好的片段，加以融合成最後上映的版本。由於每個畫面都有可替代的方案，所以雷米可以從中選出最佳的呈現方式，不用勉強妥協。

這種為自己預先準備替代方案的習慣，不只可以拿來拍電影，在一般人的工作與生活中，也非常的有幫助。畢竟再怎麼有自信的計畫，也難保不會出現什麼意外，預先幫自己準備一份B計畫，不只可以備不時之需，更可以讓自己隨時隨地都有另一個選擇，不用委屈妥協。

06

書不是拿來讀，是拿來用的

物理學家，艾薩克．牛頓
（Isaac Newton, 1642-1727）

科學類的期刊雜誌，常有一些問卷調查形式的專題企劃，其中最常見的一題，莫過於「你覺得歷史上最偉大的物理學家是哪一位」。姑且先不論這樣的調查或排行榜，對於科學的研究與發展有什麼意義，但每次占據排行榜第一名的科學家，不是愛因斯坦，就是牛頓。

我們因此可以得知，牛頓在古今中外的學者們心中，究竟占有多麼重要的地位。至於牛頓到底創造出什麼具體貢獻呢？如果只能用一句話來說明他的成就，那應該會是「古典力學最重要的奠基者」。

那什麼又是古典力學？基本上，所有肉眼可見的物理現象及其理論，都屬於古典力學的範疇。在牛頓完成《自然哲學的數學原理》（*Philosophiæ Naturalis Principia Mathematica*）一書後，許多科學家與物理學家紛紛轉而研究其他物理學領域，因為他們認為繼續研究古典力學，也很難有超越牛頓的新突破。

以至於後來的愛因斯坦或尼爾斯．波耳（Niels Bohr）等頂尖科學家，都轉而研究人類肉眼所看不到的物質、光速或黑洞等新物理學領域。

然而牛頓的成就並不止於古典力學，他在光學上也有重要的貢獻。例如所有畫面色彩都是由光的三原色：R（Red）、G（Green）、B（Blue），也就是紅、綠、藍這三種顏色所組成，而這套理論正是當年由牛頓所提出的。

在牛頓提出色彩三原色的理論之前，科學家們甚至還為了色彩與光線原色的組成是否有關而爭論不休。

另外，牛頓在數學領域也有卓越的成就，因為他發現了微分與積分的基本規則。雖然在他的年代，微積分的極限概念還無法用數學證明，但他僅憑個人的天賦與直覺，推論出類似的結果。

在英國皇家圖書館中，保存一些牛頓閱讀過的書籍，藉由這些書，我們可以發現牛頓獨特的閱讀習慣。每當他讀到一段自己覺得重要的段落，他就會在該頁的邊緣摺一角。

可能有許多讀者們也有類似的習慣，但牛頓的摺角方式相當特別，他不僅摺出一個三角形，他還會刻意讓三角形的尖端，指向書頁中的重要內容或重要字詞。因此只要是他閱讀過的書，就會充滿各種大小與不同形狀的摺角，有些摺角甚至大到蓋住一半的頁面。此外，他還會在書本的空白處，製作個人化的索引目錄，亦即他會先依照主題分類，接著再用字母排序，方便查找資料。

從這兩個看書的習慣中，我們可以發現對於牛頓而言，書只是一種工具，而不是一種需要被細細保存的收藏品。所以我們在使用書本時，也不必非得要把書本保持得乾乾淨淨，可以學牛頓，用自己喜歡的顏色在書上畫線做記號，或是用標籤、便利貼等，留下自己的感想或疑問，當日後需要重新翻閱，就可以迅速找到各種重要的資訊。

而且我身為一個專門寫書的文字工作者，與其看到自己寫的書在被讀者閱讀後，完整的保存在書架上，我更希望讀者們能像牛頓一樣，盡情的使用每一本書。

07

簡樸的心態，是假裝不來的

IKEA創辦人，英格瓦．坎普拉（Ingvar Kamprad, 1926-2018）

有報導統計「IKEA家具每年需要的木材使用量，約占全球木材總供應量的一％」，藉由這個驚人的數字，我們能反推出IKEA家具的年銷售額有多龐大。

而IKEA之所以能創造出這麼高的營業額與銷售量，最大的原因在於它的商品價格親民合理，同時兼具實用性與設計感。尤其它旗下所生產的各式家具，為了壓低製作、生產與銷售成本，都是可以讓消費者們自行組裝的半完成品，這些「DIY家具套組」節省了大量的倉儲與物流空間，並提高了商品的流通效率。

再加上IKEA採用優化的線上管理系統，大幅降低管理成本，因此能做到始終維持低價銷售的價格優勢。

IKEA創辦人坎普拉曾說：「想用一千美元做出一張高級的桌子並不難；但只有真正厲害的企業，才能做出兼具實用性與設計感，卻只要五十美元的桌子。」

也許就因為這想法，有些人會批評IKEA家具的質感，無法滿足講究奢華與質感的頂級客戶，是可以用完即丟的拋棄式家具。但必須說，除了IKEA之外，至今沒有任何其他公司能做出在品質與價格上，都不輸給它們的家具商品。

此外，價格親民，在設計感與品質都有一定水準的IKEA家具，也大大的滿足了年輕男女們，對於規畫自己生活空間的選擇需求，所以這樣的經營理念也被坎普拉稱為「民主設計」。

像IKEA這樣以「價格實惠、低價親民」為目標，並從生產製作、運送管理等，各個環節都講求降低成本、減少開支的經營策略，其實跟坎普拉的個性與生活習慣十分相關，儘管他在全球富豪排行榜上曾高居第七名，但他依舊保持著令人難以置信的簡樸生活。

例如坎普拉在上下班時，大都搭乘大眾交通工具，而他家中的自用車，也只有一部一九九三年用一千五百美元所買的老「VOLVO二四〇」，車齡將近二十五年；他辦公室的椅子，已經用了超過三十年；甚至在喝茶時，他也堅持茶包至少要回沖兩次才行。

他家裡的所有家具，理所當然都是 IKEA 生產販售的平價商品；甚至他外出用餐時，還會順手把餐廳附贈的胡椒或鹽巴等調味包帶回家。相信大家都能從坎普拉的生活習慣感覺到，他不是一般的簡樸，這樣的理念與生活習慣，在他過世後，仍繼續存在 IKEA 公司的企業文化之中，而整個企業的每一個環節，至今仍謹守著創辦人簡約的最高指導原則。

這當然也是因為他以身作則所創下的典範，因為老闆奉行簡樸的生活，員工們自然就沒有奢侈浪費的風氣，出差時搭乘比較低廉、實惠的經濟艙，住宿時會選擇比較便宜、平價的旅社，也不會有員工對此感到不滿。相反的，如果坎普拉致富後，像其他全球頂級富豪一般，每天到米其林餐廳吃飯、搭著私人飛機到全世界的度假勝地去旅行、豪宅裡全部換成非 IKEA 的奢華家具，那 IKEA 應該很難說服員工或消費者，企業的品牌精神是簡約、是民主設計吧？

所以從坎普拉的生活中我們可以學習到，**如果想讓組織、部屬或家庭成員，有**

一致的理念與價值觀，從自己開始以身作則，自然就能融入生活中，進而影響周圍，變成一股風氣與習慣。

08

一心多用，效率更好

馬克思主義創始人，卡爾．馬克思
（Karl Marx, 1818-1883）

馬克思是二十世紀最有影響力的人物之一。當時他所身處的年代，資本主義正毫無節制的往極端蓬勃發展，整個社會經濟也不存在所謂的勞工權益，以至於社會底層的一般民眾苦不堪言。

但是馬克思經濟理論的出現，為基層民眾發聲，向資本家及資本主義提出質疑。雖然受到馬克思啟蒙的共產主義，在大規模的社會實驗上最終以失敗收場，但其中仍有許多觀點，影響到目前世界各國所積極推動的社會福利政策。

馬克思在工作上有個異於常人的習慣，就是他不喜歡按部就班的一件接著一件完成事情，而是習慣在某件事情進行到一半時，忽然又轉身開始處理另外一件事。

這看似亂無章法的行為，對馬克思來說卻能樂在其中，因為同時處理兩件事、同時思考兩個問題，大腦就會快速運轉，沒有時間感到無聊或沉悶。

就在他同時進行多線工作時，如果需要思考比較複雜的問題，他會在辦公桌旁急躁的來回兜圈，直到腦中浮現不錯的想法或點子，再馬上回到桌前整理思緒並記下來。也就因為他這麼全神貫注的投入工作中，所以每當工作告一段落，他也已經筋疲力盡了。

大家一般比較常聽到的說法是，「先專注完成一件事情之後，再開始另外一件事情」，所以對於馬克思這種一次處理許多工作的習慣，可能會有一些質疑。但是我們從馬克思的經驗來看，有時候一心多用，同時處理許多不同的事情，說不定效率反而會比較好。

因為同一件事情或同一個項目的工作，如果做久了或越接近完成階段，難免會彈性疲乏，讓效率與思考的細緻程度下降，但如果這時可以另外開啟新的工作項目，讓腦袋重新啟動、處理不同的工作內容，或許就能精神一振、再次提高工作的專注力。

09

讀空氣，讓你更有說服力

樂團「金屬製品」主唱，詹姆斯．海特菲爾德（James Hetfield, 1963-）

海特菲爾德是全球知名的重金屬樂團「金屬製品」（Metallica）的主唱與節奏吉他手，同時也負責了樂團中大部分曲目的作曲。金屬製品以樂曲結構複雜與層次豐富的特色，開創了重金屬樂團的全新風格，並在搖滾樂發展史上占有一席之地。

海特菲爾德在演出時有一個特別的地方，就是他會為了不同的表演現場再次重新編曲，呈現出不同於專輯中的演奏風格。例如在某些場合，當他們要演出一首旋律較為複雜的曲子，海特菲爾德會透過分解和弦的琶音技巧，將曲子重新編寫成較為單純且容易表現的版本。

由於曲子的主旋律並沒有經過太大的改變，所以聽眾們還是可以辨識出原來的曲目，但樂團則可以在現場演出時，避開原本編曲複雜且加入許多聲樂的混音特效等，重金屬搖滾樂團在現場不好發揮的特色，進而維持樂團的現場演出表現仍能在水準之上。

透過海特菲爾德的例子，我們可以知道**就算想要傳達同樣的內容，也應該要視場合與現場氣氛，選擇最適合的方式表現**。例如專輯本身，著重於錄音室錄音成果的完美展現，但現場演出的版本，因為臺下有廣大的聽眾一起同樂，所以特別觀察現場氣氛與樂團演奏的狀況，做出相應的調整也是必要的手法。

就像我們在工作上，偶爾會需要會報自己提出的企劃案。不論我們的企劃書有多少豐富的數據或內容，如果只是把整本企劃書複製貼上在簡報畫面中，整份簡報就會變得瑣碎、無聊、缺乏吸引力。但如果能經過適當的調整，因應不同的場合呈現，同樣的內容也可以更有說服力。

10

學會在爭辯中脫身

德國哲學家，亞瑟・叔本華
（Arthur Schopenhauer, 1788-1860）

一般人想像中的學者，可能是一群成熟、理性的專業人士，各自在自己擅長且感興趣的領域中埋首鑽研。但實際上的狀況卻遠非如此，學術界中普遍的常態是一群學者，每個人都堅持自己才是對的，並為此想方設法的找出證據，或者是去證明對方的說法有錯誤，因此常常上演針鋒相對的爭辯畫面。

而這種針鋒相對的辯論場合，並不只限於學術界，在每個人的日常生活中也經常會發生。有些人比較可惜，明明自己的論點並沒有錯誤，卻只是因為辯論能力技不如人，因此失敗或是在公開場合出醜，事後回想起來，真是讓人懊悔。

而這樣的失敗，不只會帶來沮喪的心情，有時甚至還會因此蒙受實質上的損失，總之，並不是一個會讓人感覺到愉快的過程。

哲學家叔本華被譽為存在主義（existentialism）的先驅，他的思想理論深深影響到之後的尼采等人。但他有一個詭異的習慣，就是他喜歡到處蒐集可以讓自己贏得勝利的辯論技巧。這些方法被完整記錄在他的筆記中，並保留至今。

他蒐集來的辯論技巧，完全無關乎自己論點的本身正確與否，僅是透過詭辯的技術，讓自己在陷入絕境時，可以藉由這些方法幫自己脫困，或是反過來把對方逼到無法反駁的窘境。

以下就來介紹一下，在叔本華的筆記中，記載了哪些詭辯技巧。由於這些筆記只有描述方法，並沒有具體的案例解說，而且就算有些情境的描寫，也只適用於當初那個年代。所以我會在這些方法下面，另外補充一些個人的說明與分析：

●用對方的論點質疑對方

例如：當雙方在討論關於日本社會的議題時，如果對方對日本現況提出嚴厲批評，這時就可以回答：「既然如此，那你為什麼不選擇離開日本呢？」回嘴時的論點，並不需要具有理論根據，只需要營造出自己順利反駁對方的表象即可。

●無限上綱對方的論點

例如：當對方提出「因為虛擬貨幣的出現導致許多社會問題，所以必須制訂相關的管理規則」，這時就可以提出相反的論點反駁：「一旦全面否定新技術，那未來社會還能有什麼發展呢？」儘管對方只是針對虛擬貨幣的議題提出意見，但我們只要把對方的意見放大到全面否定新技術，就能讓討論中的議題失焦，也能讓對方為了解釋而疲於奔命。

●先幫對方貼標籤

「你這是唯心論的觀點」、「你正在宣傳偽科學」等，從對方的發言中斷章取義、亂扣帽子，就能藉此呈現出對方的主張是建立在既有偏見上，完全不是理性的討論。

●轉移話題影響辯論的進行

例如不管對方說什麼，我們都可以不斷表示「你不要說那些枝微末節的小事，請把話題聚焦在問題的核心」，無論對方說得再怎麼合情合理，我們都不要輕易投降，並想辦法慢慢把爭論的主戰場，轉移到自己擅長的另一個議題上。

●忽視對方的論點，直接進行人身攻擊

這種手法經常出現在訴訟案件或法律題材的兩造之中，例如性侵案件裡，加害者的辯護律師，常會惡意的攻擊被害人，問一些「妳以前曾經在酒店工作過對吧？」或「妳以前跟被告，曾經有過很親密的關係對吧？」類似這樣的質問，與案件本身雖然沒有直接相關，卻可以詆毀對方人格，讓對方的可信度下降。

●訴諸權威，刻意忽視理性判斷

「愛因斯坦曾經說……。」、「蘇格拉底曾經說……。」類似這樣引用過往名人的言行為自己背書，讓自己的論點看起來更加合情合理。也就是刻意展現出自己的論點與愛因斯坦或某個名人一樣，所以完全正確、不容反駁，並藉由這種說法來為自己的論點撐腰。

其實上面所介紹的這些詭辯技巧，與爭辯的論點本身幾乎完全無關，充其量只是一種辯論的手法而已，所以叔本華自己也曾說過：「辯論技巧與邏輯，是兩個完全不同領域的學問。」說得更直白一點，這些手法就只是在辯論中耍詐罷了。我們在知道這些技巧之後，只要不拿來為惡，偶爾用來捍衛自己的想法，也不是什麼罪惡的事；又至少，知道這些詭辯技巧，日後當遇到他人用這些方法來對付我們時，我們也能堅守立場，不至於被對方似是而非的說法牽著走，讓雙方可以再次回到理性討論的範圍中。

11

線索藏在細節裡，只是你沒看見

愛丁堡醫學院教授，約瑟夫・貝爾
（Joseph Bell, 1837-1911）

貝爾是十九世紀的醫生，曾經擔任過英國愛丁堡大學（The University of Edinburgh）醫學院的教授。

他是一位表現相當傑出的醫生，不論病患有多麼困難的疑難雜症，他都能靠著超凡的看診能力，十分準確的判斷出病人現況。所以在貝爾醫生的診間，每天都會上演類似的戲碼：

「你曾經在陸軍服役過吧？」

「是的，沒錯。」

「你最近才剛退役吧？」

「沒錯。」

「服役時是隸屬蘇格蘭部隊嗎？」

「是的。」

「你之前是駐紮在西印度群島的巴貝多（Barbados）對吧？」

「醫生是怎麼知道這些的！」

明明只是初次見面的醫生，竟然可以說出病人的背景經歷，真是不可思議。何況病人又沒有穿軍服，也沒有什麼可以辨識出軍旅經歷的文件，應該很難發現病人是退伍軍人的身分。

但貝爾就是有異於常人的洞察力，可以透過病人身上的細微線索，推理側寫出病人的背景經歷。例如前面那位來看診的病患，他在進入診間後，舉止相當拘謹有禮，但沒有像一般人一樣，有在室內脫下帽子才合乎禮儀的習慣。

因此貝爾推斷他應該是剛從陸軍退伍，所以陸軍在室內不脫帽的慣例，在他退伍之後還沒有被改過來。再加上這位病人身上有刺青的痕跡、走路具有特別的步態等，都加強了他之前身為軍人的佐證。

又因為他的病歷表上，註記了看病的原因是象皮病（Elephantiasis），這種疾病是西印度群島特有的地方性流行病，而西印度群島的巴貝多剛好是英國陸軍蘇格蘭部隊的駐紮地，因此這位病人的軍旅經歷可想而知。

貝爾對細節線索的觀察與清晰的邏輯推理能力，讓他可以鉅細靡遺的精準描繪出病患的真實背景，而這種驚人的能力，也被他的學生們所津津樂道。

其中一位最有名的學生，就是後來的推理小說作家柯南。相信大家看到這裡，應該也都能猜到，柯南所創造出的夏洛克・福爾摩斯（Sherlock Holmes）這號人物，就是以他所敬佩的老師貝爾，當作小說角色的原型。

擁有見微知著的能力，其實對一般人來說也相當有用。畢竟面對陌生或狀況不明的環境，想要一開始就掌握全貌，難度可是相當高的。如果可以從細微的線索中加以觀察推理，那我們就能更快的進入狀況。

舉一個我朋友的例子給大家參考：我這個朋友讀程式設計科系，他大學畢業後，很順利接到首選公司的面試通知；但是當他前去面試時，發現在這間公司的辦公空間裡，有一區專供員工休息的補眠區，他為此深思再三，最後決定放棄赴任。

他的理由是公司或許會覺得，幫員工規畫一個補眠區，是給員工的優渥福利之一。但這也證明這家公司的員工工作負擔與壓力很重，所以有很高的頻率得在公司過夜。所以「見微知著」的能力很重要！從小地方看出端倪，能讓我們防患未然。

12

誰說死背沒用，記住多少就能獲得多少

股神，華倫．巴菲特
（Warren Buffett, 1930-）

家喻戶曉的投資大師華倫．巴菲特，是身價僅次於比爾．蓋茲的世界首富之一，而蓋茲與其前妻梅琳達．蓋茲（Melinda Gates，兩人於二〇二一年間離婚）皆曾公開表示：「巴菲特是我們認識的人當中，最聰明的。」

巴菲特自小就對賺錢深感興趣。據說他從六歲開始，就靠著挨家挨戶配送可樂賺取零用錢；他十一歲踏進股市，開始投資股票，憑藉著精準的投資眼光在市場中嶄露鋒芒，以至於後來連學校老師都對他所投資的標的充滿興趣（不過巴菲特把這件事情拿來惡作劇，故意反向放空老師們所持有的股票，讓價格下跌，之後還拿對帳單向老師們炫耀）。而在他高中時，他靠投資所賺取的收入，就已經比老師們的

薪水還要高了。

二十多歲時，巴菲特在奧馬哈成立了工作室，並專注於市場投資一路至今，到現在他仍在當年的那間辦公室中，保持著與年輕時候一樣的生活作息，亦即每天早上起床，開二十分鐘的車到辦公室上班，途中在麥當勞得來速買早餐；到公司之後，花上五到六個小時閱讀報紙、書籍與全球市場趨勢有關的即時資訊，日復一日過著同樣儉樸的生活。

巴菲特有個特別的習慣，那就是他會將自己認為重要的資訊，全部熟記在腦海中，尤其是喜歡數字或數據類的資訊。這個習慣在他很小的時候就已經養成了。

例如他曾經在國小時，把整個奧馬哈地區的人口統計數據，全部一字不漏的背下來；到了大學，他驚人的記憶力甚至可以把整本厚厚的教科書都給記在腦中。所以當他後來從事投資行業時，各家企業每年的淨利、營業額、成長幅度等都能如數家珍，也就一點都不奇怪了。

在巴菲特的自傳《雪球》（*The Snowbal*）中，他曾提到，他認為自己成功的關鍵，主要是因為自己有熟記資訊的習慣。

一般大眾對於巴菲特的印象，是他會瞄準有發展潛力的公司、產業，然後長期穩定的投資並持有它，最後獲得巨額回報。而這種投資方式的困難之處，在於怎麼發掘有潛力的公司、怎麼找到正確的投資標的。而巴菲特所採取的方法，就是透過長期蒐集並分析大量的數據報表，再從中篩選出自己認可的投資標的，以至於在整個投資市場的千百家企業當中，能得到巴菲特青睞的也不過就一百來間。

當一般人在處理如此龐大的數據資料時，可能剛翻到下一份，就會忘記前一份的內容，所以要用人工比較、分析這些數據資料，根本是難如登天。但巴菲特超乎常人的記憶力，讓他能在腦海中輕鬆比對相關資訊，進而發現數據之間的關聯性，例如攤開某一家公司的財務報表，他就能想到：「這家公司的赤字，相較於去年有減緩的趨勢、營業額也有所增加，或許可以考慮納入投資組合裡？」或「這家公司今年的獲利，比起去年突然大幅飆高，為什麼？」

或許有人會說，現在查找數據或資料都很方便，只要把資料調出來，分析、比較也不是什麼難事。但重點就在於，在茫茫的資料大海中，要比對哪些資料、分析哪些數據，如果沒有基本的想法跟概念，那不管有多少時間都不夠用。

最近常聽到：「死背、硬記等，是最沒有用的學習方法。」我們會覺得，那些所謂的天才靠得是天賦直覺、不然就是過人的邏輯與靈感，這些東西都是死背不來的，甚至有些人還會覺得，背誦的學習方式與邏輯思考背道而馳，對創意有害。

但《財富雜誌》（*Fortune*）的資深編輯傑夫．柯文（Geoff Colvin）曾經出版過《我比別人更認真》（*Talent Is Overrated*），裡面介紹了許多研究案例都顯示：**「只有在自己的專業領域上不厭其煩的建立豐厚知識，才能獲得豐碩的成果」**。

而柯文所舉的例子當中，巴菲特就是其中之一，正因為他不厭煩的把龐大的資訊都牢記在腦海裡，才能憑藉著這些數據資訊與豐富知識判斷趨勢。

像這樣的案例還有許多，例如比爾．蓋茲會把自己所編寫的電腦程式，全都背下來；而職業高爾夫球選手傑克．尼克勞斯（Jack Nicklaus），也會記下自己當天打球的細節與表現等。所以大家**千萬不要以為死背沒有用，只要按部就班記錄那些與工作有關的線索，並努力思考與累積，日後一定能在工作中，發現自己有突飛猛進般的成長。**

13 放大你的優勢，不拿手的就放棄

《魔戒》小說作者，J・R・R・托爾金（John Ronald Reuel Tolkien, 1892-1973）

《魔戒》（*The Lord of the Rings*）系列電影，自二〇〇一年上映後，不僅受到廣大的迴響，票房也長期占據排行榜。而這部電影的原著小說作者，就是精通語言學與古代神話的英國文學家托爾金。

托爾金從一九三七年開始撰寫《魔戒》這部小說，而《魔戒》出版後也一直受到讀者歡迎，但直到他去世的二十八年後才被翻拍成電影。最主要的原因是因為當時的電影技術，無法展現出書中所描寫的壯闊奇幻世界，必須等到CG電腦繪圖技術和動態捕捉技術（Motion Capture）的應用都相繼成熟後，製作團隊才有可能把故事中的各個經典場景，完整呈現在觀眾面前。

為了把《魔戒》改編成電影，需要依靠CG等最新的電腦科技，但托爾金對於科技可一點都不在行。哪怕他在撰寫《魔戒》時，已經是打字機流行的時代，但不擅長打字的他，還是只能靠一指神功，一個字母、一個字母的敲出整篇上百萬字的龐大故事。

只要是曾經使用過一指神功打字的人，應該都能體會到，像這樣的寫作方式，是非常沒有效率的。但我在此特別描述托爾金打字創作過程的原因，是要向大家證明一件事，就是對於創作而言，打字很厲害並不是必要的技巧。哪怕學會正確的打字方法，會讓寫作更有效率，個人認為托爾金用一指神功寫出來的《魔戒》，就硬是要比雙手在鍵盤上飛舞，卻寫出三流故事的作者要更有價值。

托爾金真正的專長在於對古典神話的研究，尤其當他還在牛津大學任教時，就曾經參加過一些社團，會用古代挪威語朗讀冰島史詩神話，或是他會與大家一起分享古代北歐神話與各自創作的奇幻故事等。這些經歷與專業知識，造就他豐富的想像力，進而創造出《魔戒》裡史詩般的奇幻世界，這才是托爾金的核心能力，至於是否擅長打字，對他來說只是一種輸出內容的方式而已。

相信每個人天生都有擅長與不擅長的事情，就算有些事情自己確實不拿手，但只要好好磨練自己的優勢強項，就能用優勢補足缺點，簡單來說，**挖掘自己的核心能力，專注發展自己擅長的事物，才是最重要的事。**

14 詳細記錄工作流程

巴洛克音樂作曲家，喬治・弗雷德里克・韓德爾（George Frideric Handel, 1685-1759）

樂聖貝多芬曾經給予韓德爾極高的評價，稱他是最偉大的作曲家。而韓德爾在巴洛克音樂時期，與音樂之父約翰・塞巴斯蒂安・巴哈（Johann Sebastian Bach）並稱，被譽為音樂之母。

說到這裡，就算大家對韓德爾這個名字沒有印象，但一定都曾經聽過「哈～利路亞、哈～利路亞……。」這首曲子，而這正是來自於他所創作的《彌賽亞》（*Messiah*）哈利路亞大合唱一節。

韓德爾在作曲時，習慣將創作過程從頭到尾、鉅細靡遺全部記錄下來。包括初期、中期到完稿等各個階段的樂譜創作版本、腦海中曾經浮現過的靈感，以及整個作曲過程的細節等，他都會一一記錄在樂譜的草稿上。

可能有讀者會覺得：「這種習慣很特別嗎？」但大家要知道，在以前那個年代裡，有非常多著名的音樂家、作曲家，例如巴哈與貝多芬等，他們連一份完整的樂譜都沒有留下來。

而他們大部分的作品，都是後世人們耗費心力，從斷簡殘篇中一一拼湊出樂曲的全貌。換句話說，這些傳奇音樂大師們，有完整留下自己作曲樂譜的人，就只有韓德爾。

也幸虧韓德爾留下了這些完整的創作歷程，讓後世的音樂家與相關學者們，能夠透過這些草稿與筆記，進一步了解韓德爾的作曲概念。而他的草稿與筆記也因此成為相當珍貴的教材，致使後世有許多論文與研究，都是以韓德爾的創作歷程作為研究主題。

雖然韓德爾將自己的創作歷程，鉅細靡遺的記錄下來，跟他一絲不苟的嚴謹性格有關。但就算是一般人，把自己工作的歷程與細節記錄下來，對於專業與職涯發展，也有非常正面的幫助。

因為我們可以藉此分析、檢討自己決策的動機，或是贏得好成效的關鍵，也能藉此反省失敗的原因。反正在這個數位化的時代，要做出完整的紀錄並不難，甚至根本不用動到紙筆，只要拿起智慧型手機拍照、錄音、錄影，簡單就能完成紀錄。

坊間還有各式各樣可以用來作筆記的應用程式，建議大家不妨找出適合自己的紀錄方式，養成時時回顧、檢討工作的好習慣。

15 沒有什麼事情是理所當然

諾貝爾獎得主，中村修二（1954-）

根據研究顯示，在使用電腦時，會將電腦依照個人化的使用需求重新設定的人，其收入會比直接套用預設值或預設模式的人要來得高。探究其原因，很可能是因為願意花時間調整、花心思思考使用情境，代表思考比較周密、創造性比較豐富、解決問題的能力也比「全盤接受預設事物」的人要更好。

例如因為成功發明出藍光ＬＥＤ，並因此榮獲二〇一四年諾貝爾物理學獎的中村修二，就是具備這個習慣的代表性人物。當時他一邊任職於日亞化學工業公司，一邊基於工作需要，嘗試破解藍光ＬＥＤ這個物理學的難題。

最後因為他在實驗時，動手改造了實驗裝置以符合自己的需求，進而發現解開謎團的契機。

他曾經在自傳中抨擊過許多日本研究者，習慣於僵化的工作流程，沒有把設備調成符合個人化的模式，直接拿來就用，以至於常會被受限在預設的框架裡，這種狀況尤其常見在受僱於大型企業的研究人員身上。

當然，也可能是因為大型企業斥資巨額購置設備，所以大家在使用上都小心翼翼，不敢太過開創性的調整或改動這些設備，這樣一來雖然使用上相對輕鬆，但在研究發展上就很難有什麼突破性的重大發現。

而中村修二發現藍光ＬＥＤ的過程，正是基於他敢調整與改造機器設備的習慣。當初在實驗時，中村修二想要使用其他研究者不曾使用過的素材氮化鎵（GaN），但當時市面上並沒有可以用來加工或改造氮化鎵的專業裝置，如果是一般研究人員，到這一步大概就會選擇放棄。

但中村修二沒有放棄，他運用以前在工地向技術工程師學到的焊接以及燒製玻璃的技術，自己動手改造實驗室的設備，並因此成功做出可以加工氮化鎵的實驗器具，成為研發出藍光ＬＥＤ的關鍵。

雖然敢改造高達兩億日圓的實驗設備，需要有過人的勇氣才能做到。但是中村修二不把一切視為理所當然，勇於嘗試將工具或設備加以調整改動，以符合自己的使用需求，這確實是許多成功人士的共同特徵之一。而且在重新改動設定的過程中，我們也能更加了解各種軟硬體及設備的特性與功能，相關的專業知識也會因此增加，這也算是另一種附加的好處，是絕對不會吃虧的。

16

沒有辦公室也能辦公事

Netflix 創辦人，里德．哈斯廷斯
（Reed Hastings, 1960-）

哈斯廷斯所創辦的網飛（Netflix），是目前美國最大的影音串流平臺。網飛當初從影片出租業起家，一開始主打線上租借ＤＶＤ的業務，只要消費者付費加入會員，就可以無限次使用該平臺所提供的影片租借服務，而且不限時間，只要先還清之前所借的影片，就可以再借新的影片回家。

這個遊戲規則，解決了影片出租業困擾多年的問題，成功減少客人租片不還的機率。之後由於網路傳輸速度提升，網飛迅速轉型成影音串流平臺，消費者不用親自到出租店去借還影片，也不用線上預約等候影片宅配到家，一樣只要加入會員，就能輕鬆透過網路，在平臺上看自己想看的影片。

哈斯廷斯勇敢讓出耕耘許久的影片出租市場，透過網路創造出新的營運模式，並再次獲得空前成功。也由於網飛的出現，讓越來越多的消費者解約家裡的有線電視，轉向影音串流平臺的懷抱，而哈斯廷斯更成為有線電視業者最害怕的人物。

這位翻轉傳統影視消費習慣的厲害人物，竟然沒有自己的辦公室，幾乎所有的工作業務，他都習慣在智慧型手機上完成，這對於「覺得用手機工作好像不太莊重」的保守人士而言，實在是殊難想像。

但拋開先入為主的觀念，仔細思考，身為公司管理者，辦公室不是必須的。尤其現在的行動裝置與網路傳輸快速發展，電子郵件的溝通往來稀鬆平常，還有各種雲端與軟體的應用範圍也越來越大，沒有實體辦公室根本不算是個問題。

況且，對哈斯廷斯來說，與其待在辦公室的電腦前才能工作，不如把時間拿來當面溝通。所以就算他有自己的筆記型電腦，連續好幾天完全不開機也是常態。

我並不是想要推廣「只要用智慧型手機工作就一切ＯＫ」，而是希望大家能向哈斯廷斯學習。不妨拋棄先入為主的觀點，面對工作與日常事務。

尤其在商業競爭的環境中，並不像傳統藝術或運動競技一樣規範嚴明、不容更改，我們身處科技高速發展的年代，有許多成功案例都是立足在打破既有規範，才得以實現。

所以請不要墨守成規，執著於「因為過去都是這樣做的，所以……」，不妨時常問自己「有沒有什麼新的做法，可以為目前的業務拓展帶來轉機」，或許我們就能像哈斯廷斯一樣，找出創新的商業模式。

17 一輩子只要做好一件事

物理學家，約翰尼斯・克卜勒
（Johannes Kepler, 1571-1630）

古典物理學從伽利略發端、克卜勒建立體系，最後在牛頓手上集大成，並發展出完整的學術領域，因此這三位科學家可以說是功不可沒。

尤其活躍於十六世紀末到十七世紀初的德國天文、物理學家克卜勒，他從觀察天體發現，「每一顆行星都照著自己的橢圓形軌道，繞著太陽運轉」，也就是著名的克卜勒定律（Kepler's laws），更成為古典物理學的重要理論基礎。

克卜勒還有一項特殊才能，就是占星術。從現代的角度來看，占星術試圖「從星星的相對位置預測未來、推論命運」，可以說是缺乏根據的迷信或偽科學。

但克卜勒成天拿著望遠鏡觀測星象，應該相當了解天體的運行只是物理學運作的結果，他身為治學嚴謹的科學家，為什麼會從事占星術這種近似於江湖術士的工作呢（而且據說他還曾經使用占星術，做過幾次準確命中的預言）？

這是因為占星術在當時，是可以創造收入的技能。不像現代的科學家，只要表現優秀，通常都能獲得國家預算的支持。在十六、十七世紀時，單從事研究工作，是沒有辦法養活自己的。所以克卜勒抓住當時許多人都想預測自己未來運勢吉凶的普遍心態，切入市場需求，用占星術來賺錢維生，並藉此餵養自己真正想從事的研究領域。

克卜勒的占星能力，在上流世界受到好評，又因為他成功預言鄂圖曼帝國的入侵、以及當地將遭遇極端寒冷冬天等，受到皇室貴族如神聖羅馬帝國皇帝魯道夫二世等的信任，願意轉而支持他的科學研究。

甚至就連克卜勒的母親，一度因為獵殺女巫的動亂受到牽連，成為遭獵捕的對象，即將要被燒死在火刑柱上，也是靠著魯道夫二世對克卜勒的偏愛，出手解救才逃過一命。

換句話說，克卜勒是靠著占星師的名望解救母親，跟他是不是優秀的天文或物理學家，其實沒什麼直接的關係。

克卜勒自己曾經說過：「如果不是『占星術』這個笨女兒，用低三下四的方法來撈錢，要怎麼養得活聰明、高貴卻一文不值的『天文學』媽媽呢？」也就是說，天文與物理科學的發展，竟然是靠這些不信科學卻有錢有權的俗人們來供養，真是格外諷刺。

有許多成功人士都會說：「這輩子只要專注從事一件自己喜歡的事情就好。」但有些不切實際的年輕人卻會把它解釋成：「我只想做自己喜歡的事情。」因此**我們要學習克卜勒，找到自己興趣專長與市場大眾的連接點，才能藉此賺取生活所需。畢竟再有天分、夢想再偉大，總是要填飽肚子才能繼續維持下去。**

18

谷歌工程師的思考技術

雅虎前執行長，瑪麗莎・梅爾（Marissa Mayer, 1975-）

梅爾被譽為矽谷最成功的女性。她過去就讀史丹佛大學並專攻電腦科學，在學業完成後以工程師的身分，加入剛成立不久的新創公司谷歌。草創時期的谷歌員工僅不到二十人，梅爾是公司裡的第一位女性工程師。

她在加入谷歌之後，致力於優化搜尋引擎的使用者介面（User Interface，簡稱UI，也就是應用程式或服務呈現在使用者面前的樣式）。而優異的表現，讓她僅六年就被拔擢為公司的副總裁。

現在我們每天在電腦或手機上所使用的各種谷歌服務，大部分的介面都經過她設計，例如「谷歌搜尋」、「谷歌地圖」、「Gmail」等。後來，雅虎（Yahoo）公司也看中她的工作能力，在二〇一二年時聘請梅爾擔任雅虎的執行長一職（雖然優秀的梅爾，仍無法讓持續衰退中的雅虎起死回生）。

儘管她的身價高達約六百六十二億日圓，但她仍拚命工作，像機器人般幾乎全天候的高速運轉。而她更像機器人的一點，是她從來不會把私人情緒帶進工作中，這不是說她不會應酬、不懂交際，而是她十分的冷靜理性，不會被情緒影響。

尤其在做決定的時候，梅爾通常會依照自己的模式，經過仔細評估並整理利弊得失之後，才做出判斷。

具體的案例是，梅爾會用表格詳細列出某一事件的所有構成要素與項目，再分別為這些項目衡量權重，最後選出加總之後得分最高的選項。例如在一九九三年時，梅爾高中畢業正要申請大學，她同時收到哈佛、耶魯等數十所知名大學的錄取通知，她就使用這套做法，在試算表軟體中詳細填入每間學校的考量項目、變數與得分，並統計出得分最高的學校，作為她最後選擇的依據。

她這套評分方式執行起來其實並不容易，因為我們一般人很難詳細列出，每個事件抉擇中的評分標準與計算步驟。但只要在做決定之前，先簡單列出一張檢核清單，並冷靜思考每一個項目的優缺點，我們也能輕鬆輔助自己做決定，就像以下的案例：

下面的圖表，是我大學學弟的親身經歷。當時他同時收到一家大型企業與另一家中小型遊戲公司的錄取通知，正苦惱要怎麼決定未來的就職方向，所以他列出一張檢核清單，分析了這兩個選項各自的優缺點。從我學弟的表格中可看出：在大型企業任職的優勢有兩個，例如薪水較高、上下班時間比較穩定等；而到中小型的遊戲公司上班，只有一個「能發揮所長」的優點，但他後來還是選擇了到

▼檢核清單示意圖

	中小型遊戲公司	大型企業
工作	能發揮在大學時所學的技能。○	工作內容與自身專業沒有太大關聯。
金錢	薪水較低。	薪水較高。○
生活	工作量較大（經常要輪夜班）。	可準時上下班。○

中小型的遊戲公司報到。這是因為對他來說，能趁著年輕時活用自己的長才，做一些較具挑戰又有趣的工作，比起薪資或工時來說，權重占比是比較高的。

我們不妨使用類似的方法，利用檢核清單拆解出每個選項的考慮因素與優缺點，對於我們在重要關頭時要如何做出選擇，應該能帶來綜觀全局的幫助。

19

批判性思考，人類進步的動力

法國世紀名廚，艾倫．杜卡斯（Alain Ducasse, 1956-）

杜卡斯號稱法國最偉大的廚師。他從十六歲開始，就以成為專業料理人為職志，踏上學習料理之路。沒多久，他的料理功力受到業界肯定，於是在二十四歲時，杜卡斯前往世界三大名廚之一的羅傑．韋爾熱（Roger Verge）所開設的「L'Amandier」餐廳內擔任主廚。

在二十八歲時，他獲得了米其林的二星評鑑，到三十四歲時，他已經是米其林史上最年輕的三星主廚了。杜卡斯曾在三個國家開過餐廳，而至今他所主持過的餐廳，共獲得了超過十八顆星等的米其林評價。

杜卡斯的料理天賦，在他幼時的日常生活中就能看出一二，尤其他從懂事以來，就常對家中所烹煮的料理做出評論。例如在祖母為他所準備的餐點中，如果有某一道菜色未臻完善，他就會毫不留情的批評：「這道菜的豆子煮過頭了吧！」就是這樣敏銳的味覺與對料理的堅持，讓杜卡斯走上料理之途，完全可以說是老天爺賞飯吃。

而杜卡斯在餐飲業能獲得如此非凡的成就，除了靠他的天賦與熱情之外，全心全意投入學習料理，也是主要原因之一。他就像永不休息的機器人一樣，每天努力吸收與料理相關的知識，幾乎只睡四個小時，還因此被同業戲稱為「鋼鐵主廚」。

而從小對料理的堅持，更是他成功不可或缺的因素，因為不論是誰端出難吃的料理，他都會毫不掩飾的說出真難吃的評價，絕不會因為任何因素而輕易妥協。

這跟一般社會與學校教育給我們的觀念完全不一樣。因為在群體生活中，大家總是要我們「學會看別人的優點，不要輕易批評別人的缺點」，而且大家對於那些總是提出批判意見的人，通常也會給予比較低的評價。但能說出批評意見的人，從另外一個角度來看，其實是具有準確點出問題所在的能力。

近年來，這類能力被稱為批判性思考，可以廣泛應用在各個領域，用來找出及解決問題。甚至有些學者還提出，應該要將這類培養學生思辨能力的方法，納入大專院校的通識教育課程中。

而長年研究批判性思考的京都大學教授楠見孝，為批判性思考定義：「以具有邏輯、理性的方法，遵循一定的思辨過程，所建立的思考方式」，它可根據目標與事件的前後脈絡，進行具有目標導向的思考過程，並藉此激發出更好的解決方案。

總而言之，正確的批判性思考，目的在於點出問題，而非單純用來惡意批評或攻擊對方。就像杜卡斯，雖然他很直白的說：「祖母做的某道菜很難吃。」但他並沒有在這句話中附加什麼抱怨或詆毀的情緒。

所以大家不要怕批評、也不要害怕提出批判性的建議，反而更應該主動學會這項技能，相信對於找出問題並改善，會有很大的幫助。

20

只要肯嘗試，絕對不會做白工

德國文學作家，約翰・沃夫岡・馮・歌德
（Johann Wolfgang von Goethe, 1749-1832）

德國文學的代表作家歌德，曾經創作過許多膾炙人口的作品，包括小說《少年維特的煩惱》（*The Sorrows of Young Werther*）、敘事詩《赫爾曼與陀羅特亞》（*Hermann and Dorothea*）以及劇作《浮士德》（*Faust*）等，創作的類型與面向非常多元。

歌德除了具有文學家的身分，他也以自然學家的身分在當時活躍著，例如他在人類的上顎中，發現一塊尚未被命名的頜骨，而這塊骨頭後來被命名為歌德骨。

另外因他在礦物學的研究貢獻，讓後人用他的名字命名針鐵礦（Goethite）作為紀念。

歌德年輕時經常幫朋友代筆寫情書，由於他熱愛詩歌又才華洋溢，所以只要是出自他手筆的情書，總是能輕易打動芳心。

一開始，歌德只是抱著惡作劇的心態做這件事，但久而久之，他竟然因為寫信時太過投入，不知不覺的愛上某位情書的收件人，也就是比自己稍稍年長的女性瑪格麗特（Marguerite）。

不過這段單相思的戀情，沒過多久便畫上句點，因為某天當歌德在構思情書草稿時，不小心被女方發現，於是兩人的關係也只能無疾而終。這段過程曾經被歌德拿來當作創作的素材，而瑪格麗特這個名字，也成為歌德長篇劇作《浮士德》中，第一部的女主角姓名。

幫朋友寫情書，寫到自己愛上收件人，這顯示歌德很認真的對待這件事，而且並不因為是朋友的請託，就覺得自己大材小用、糟蹋才華，反而全力展現自己的文采，一心一意想用情書打動對方。

也因為有過這段經歷，所以歌德後來的許多作品，都源自於他的戀愛或失戀過程，進而成為他創作中能打動人心的部分。

從歌德的故事中，我們可以學習到只要有機會能展現自己的才華，千萬不要因為覺得浪費時間或無利可圖，就吝嗇拒絕。只要願意試試看，就能累積更多經驗，幫未來立下基礎。

就像近年來，有許多公司開始接受員工在私人時間發展副業，大家也不妨思考一下，如果不計較利弊得失，我們還有哪些專業或才能，是可以拿來實際應用的？

21

敞開心胸，自然能發現捷徑

英國生物學家，弗朗西斯．克里克
（Francis Crick, 1916-2004）

英國生物學家弗朗西斯、詹姆斯．華生與莫里斯．威爾金斯（Maurice Wilkins），這三個人共同解開了DNA的構造之謎，並因此獲得諾貝爾生理醫學獎。雖然有人曾經質疑過這個獎項不應該只讓他們三個人獨占，但他們確實在DNA的構造謎題中找到解答。

之所以會有這樣的質疑，其實是因為同時期有許多科學家都致力於DNA的研究領域，而他們三位的研究成果，其實是建立在其他的人研究基礎上。例如弗朗西斯與華生之所以能發現DNA中的雙螺旋結構，關鍵在於他們從隔壁的威爾金斯研究室中，看見研究室的工作人員羅莎琳．富蘭克林（Rosalind Franklin）用X光所拍攝出來的ＤＮＡ圖像資料，並從中獲得重要的線索，但羅莎琳卻沒有因此而獲得諾貝爾獎。

這主要也是因為弗朗西斯時常關注其他生物學家們的研究內容，並且會密切注意他們的研究進度。換句話說，弗朗西斯其實相當了解當時其他科學家的研究狀況，還會從中尋找對自己研究有幫助的線索。

因為這樣的習慣，所以當弗朗西斯與華生一起拜訪威爾金斯的研究室時，他得知羅莎琳也在從事ＤＮＡ的研究，才有機會取得她用來研究ＤＮＡ構造的Ｘ光照片，進而用這張照片裡的關鍵線索，證明自己對ＤＮＡ構造推論是正確的，並得以完成整份研究報告。

當然還有另外一個版本的說法，是羅莎琳手中雖然握有重要的關鍵資料，但她從事研究的方法與弗朗西斯完全不同。她完全不關心別人的研究狀況與進度，只專心埋首在自己的研究領域當中，再加上羅莎琳在進入威爾金斯研究室前，就與威爾金斯關係鬧得很僵，才導致最後照片外洩的結果。

無論事實的真相為何，至少我們都可以從這個故事當中得知，只關注自己研究領域的羅莎琳，與敞開心胸到處去別人研究室交流、串門子的弗朗西斯，兩個人在性格上有著明顯的差異。

或許我們偶爾會因為自尊心，而無法放低身段與其他人交換意見，也無法率直的表現自己不懂並尋求他人的建議。但只要願意跨過這道門檻，開放的心態將成為通往成功的捷徑。

第 4 章

菁英用這些習慣，戰勝壓力

01 鈴木一朗的儀式

日本前職業棒球選手，鈴木一朗（1973-）

活躍於美國職棒大聯盟（ＭＬＢ）的日籍職業棒球選手鈴木一朗，讓「例行的儀式」（routine）一詞，在日本掀起一股熱潮。

鈴木一朗在棒球場上曾經締造過許多輝煌的傳奇紀錄，包括他進入日本職棒歐力士隊後，連續七年獲得打擊王的殊榮，之後更是日本史上第一位，以外野手身分進軍ＭＬＢ的球員。

他加盟西雅圖水手隊之後，在ＭＬＢ獲得無數獎項的肯定，包括最佳新人獎、打擊王、盜壘王、安打紀錄保持人、ＭＶＰ、金手套獎等。鈴木一朗更在二〇一〇年，創造連續十個球季都擊出超過兩百支以上安打的驚人紀錄。截至二〇一九年三月宣布引退為止，他創下的紀錄，讓他榮登美國國家棒球名人堂。

大家可以發現，在鈴木一朗棒球生涯中所創下的各種紀錄，有許多項目都是連續性的紀錄保持人。在職業棒球的最高殿堂美國職棒大聯盟中，對決來自世界各國的頂尖投手並打出成績，已是難能可貴的成就，還要連續長達十年，這得要讓自己的體能等各方面狀況，長時間都維持在顛峰才行。

而鈴木一朗的關鍵，就在於養成例行的儀式，這能從他打擊前的預備動作觀察到——他會分毫不差的做完整套熱身動作後，才站上打擊區，然後先是輕鬆揮動球棒、轉轉雙腳腳踝，並慢慢的伸展，接著依序確認左腳與右腳的釘鞋狀態、站穩步伐、將松脂油塗勻球棒握把，握著球棒、伸直手臂並拉一下衣袖。

除了每次上場打擊前，彷彿畫面重播般的固定動作之外，鈴木一朗不論在賽前或賽後，什麼時候要做什麼事情，他都有自己一套嚴格的規矩。因為棒球比賽的賽程，在球季開始前就會確定公布，所以鈴木一朗全年的行程，也會配合球季的賽程表安排，並依照比賽的時間來回推每一天該做什麼事，包括就寢、起床與用餐的時間等。

有些人可能會覺得，鈴木一朗是為了每年能夠取得優秀的成績，所以要求自己嚴格執行排定的事或遵守例行的儀式，就像是苦行僧般的刻苦訓練。但是根據專門研究「壓力與焦慮對人們產生何種影響」的心理學博士史提夫・奧瑪（Steve Orma）曾透過研究表示：「例行的儀式在舒緩壓力上有顯著的成效。」

換句話說，鈴木一朗這些「例行的儀式」行為，其實很可能不是為了追求好成績，所以故意刻苦鍛鍊或反覆執行，而是因為對他來說，這是最沒有壓力的生活方式，所以自然而然的養成這些習慣，完全不用思考，就能日復一日的自動完成。

而最沒有壓力的生活方式，當然也包括不強迫自己非得吃健康、營養的食物不可。只要是自己不喜歡的東西，就算再怎麼營養健康，他也從來都不勉強自己。而且據說鈴木一朗在球賽期間只吃麵或咖哩，連到客場比賽時，他也會去特定的披薩店，專門吃那家店的限定口味披薩，毫不忌口。

在棒球界還有另外一位傳奇球員，他例行的儀式跟鈴木一朗相比可說是不遑多讓，就是在MLB生涯中擊出三千支安打、退休後被選入美國國家棒球名人堂的韋德・伯格斯（Wade Boggs）。

伯格斯每天會在同一個時間起床、每次練習滾地球要剛好一百五十次、打擊練習固定從下午的五點十七分開始，而跑步練習則會固定從七點十七分開始。

他還有一個奇怪的習慣，就是每次上場比賽前，都會狂嗑一頓雞肉。曾經有人想要打亂他的作息，故意把球場上的時鐘都調亂，但伯格斯竟然完全不受影響，依舊能在正確的時間內，完成自己表定要完成的訓練項目。

從前面這兩位運動員的範例中，我們可以察覺到，例行儀式可以達到舒緩壓力的效果，即便這個動作本身沒有什麼特別的意義，但是完成這個動作本身，就能讓我們感到心情安定。

如果我們正要面對重要的事，例如考試、談判、發表或演講等，不要特別改變自己的習慣，壓抑自己平常例行的喜好，因為這樣反而會增加壓力與心理負擔。

不妨就放輕鬆，吃平常愛吃的食物（就算熱量有點高）、做自己平常會做的事（就算偶爾會有點罪惡感），拋開無謂的顧慮與擔心，用例行的儀式為自己創造出舒適日常感，一定能表現得更為得心應手。

02

工作之餘，培養讓自己開心的興趣

《愛麗絲夢遊仙境》作者，路易斯・卡羅（Lewis Carroll, 1832-1898）

有位名叫愛麗絲的少女，因為追逐一隻白色兔子，而闖進一個神奇的國度。在這個世界裡有會說話的動物、充滿個性的撲克牌人，還有許多稀奇古怪的場景，愛麗絲就在這裡展開一場奇幻的冒險故事。

相信大家對這部經典的兒童文學作品，一定都耳熟能詳，這就是英國作家卡羅所寫的《愛麗絲夢遊仙境》（*Alice's Adventures in Wonderland*）。卡羅的本名是查爾斯・道奇森（Charles Dodgson），本業其實是一位數學家、邏輯學者，至於創作超現實的奇幻故事、描繪出與真實世界完全不同的幻想情境，只是他無關工作的私人興趣而已。

卡羅任教於英國牛津大學基督堂學院時，與當時的校長亨利．李德爾（Henry Liddell）一家人往來密切，所以他也時常會帶著李德爾的三個女兒：洛瑞娜（Lorina）、愛麗絲（Alice）和伊迪絲（Edith）一起出外遊玩。

在一八六二年的某一天，當時卡羅一如往常的與李德爾家的三位千金一起外出野餐，他們在泰晤士河上划著小船，打算前往某個村莊。途中他像平常一樣，向三個女孩講述自己所構思創作的奇幻故事，沒想到獲得女孩們的喜愛，其中愛麗絲更拜託卡羅將這個故事寫下來送給她。

後來他真的提筆完成這個故事，一開始的故事名稱叫做《愛麗絲的地底冒險》（*Alice's Adventures Under Ground*），也就是後來《愛麗絲夢遊仙境》的原稿。

據說卡羅之所以有構思各種故事的興趣，並不是想在文壇發展或期待自己在創作上能大放異彩，純粹只是在數學研究的本業中，萬一感到枯燥乏味時，可以用來當作娛樂、抒發心情。

而歷史上像卡羅一樣，會藉由其他事物來轉換心情的名人也很多，例如愛因斯坦的興趣是拉小提琴；而身兼科學家與政治家等多重身分的富蘭克林，他的興趣則是下西洋棋。

當代職涯諮商的研究也證實，培養工作領域以外的專長興趣，或是參與各類型的社團活動等，可以有效預防工作所引發的身心症，也有助於萬一因故必須離開職場時，日後可以有機會再次重回職場。

這道理其實很簡單，對於每天重複同樣工作的人來說，如果能把一部分的時間，花在能讓自己感到樂趣的事物上，心靈應該也會更加健康富足吧！

03

有時候，你得用第三者視角跟自己對話

古羅馬皇帝，尤利烏斯．凱撒
（Julius Caesar, 西元前100-前44）

在某些動漫作品中，有些女性角色的人物設定，可能會為了呼應美少女特有的甜美，而讓她們在說話方式跟語氣上，與一般人有些不同。例如她們在自稱時不會說「我」，而是冠上自己的名字，如「亞紀覺得～」、「美緒也要～」等，以強化可愛的形象。

類似這種以第三人方式自稱的情況，也曾出現在古代的知名英雄當中，最有名的例子就是古羅馬皇帝凱撒，但他的出發點跟可愛一點關係都沒有。

軍人出身的凱撒，在遠征高盧（今法國）的七年期間，曾經把他一路上的所見所聞，以及每一場戰事及征服地的文化與習俗等，都一一記錄下來，也就是後來流

傳的長篇巨作《高盧戰記》（*Commentarii de Bello Gallico*）。《高盧戰記》一共有七卷（加上一卷由旁人補述，合計共八卷），如果單看內容裡面有關風土民情的記載，說它是旅行雜記也不為過，而這部以拉丁文寫成的作品，至今仍在全球廣為流傳。

凱撒在撰寫這部書的時候，只要在書中提到跟自己有關的事情，他通常不會用第一人稱的我來表達，而是會改用凱撒稱呼自己。例如「我今天抵達羅馬」，他在文章裡就會寫成「凱撒今天抵達羅馬」。

如果讀者在閱讀時，沒有預先知道這部書的作者就是凱撒，搞不好還會以為是其他人在記錄凱撒的經歷。為什麼凱撒要這麼做呢？

這是因為他希望這部作品的內容，讓人看起來彷彿是客觀忠實的記載，所以才會刻意選擇使用第三人的視角，來描述自己的事蹟與功勛，以方便他拿來在政治上宣傳自己。

而事實上也正如凱撒所願，《高盧戰記》在當時的羅馬可以算是熱門暢銷書，為他贏得不少人氣。

這種「旁觀者或第三人稱視角」的表達方式，除了能創造出凱撒所期望的客觀形象之外，其實還有一個隱藏的效果，就是抒壓。根據英國期刊《科學報告》（*Scientific Reports*）所收錄的論文研究表示：用旁觀者的視角與自己對話，有助於減緩壓力，並可達成自我肯定的效果。

因為這種表達方式，可以跳脫當事人的主觀立場，用第三者的角度觀察自己的情緒變化，反而會因此變得更加清醒理智，也讓心情更加安定。

例如我朋友也有類似的習慣，他會發郵件給自己，跟自己對話：

「hi，下午有個會議，你準備好了嗎？」

「別忘了每天都要運動喔！如果你生病的話我也會很困擾的。」

根據他自己的說法是，用這種自我對話的方式會讓自己產生錯覺，好像有人在提醒我、鼓勵我，自己也會因此變得更積極、更有動力。

或許遠征異國、肩負著沉重壓力的凱撒，在無意識當中，已經習慣藉由旁觀者的角度自我對話，進而鼓勵自己或穩定心情。就像我朋友會使用第二人稱對自己喊話一樣，雖然方式有點差異，但這種習慣確實能讓自己更加安心。

下次如果遇到什麼困難、辛苦或緊張的時刻，不妨試著藉由這種方法，跳脫自我本位，用其他人的角度看待自己，相信一定能更加冷靜、沉著。

04

經常跟自己說：「我一定能做到！」

健美之神，羅尼・庫爾曼
（Ronnie Coleman, 1964-）

提到全球知名度最高的健美先生，大家最先想到的，應該是健美運動員出身的好萊塢巨星阿諾・史瓦辛格（Arnold Schwarzenegger）。他曾經在世界最頂級的健美比賽奧林匹亞先生大賽（Mr. Olympia）中獲得七次優勝，直到庫爾曼出現。

庫爾曼以連續八次榮獲優勝，打破了阿諾所創下的紀錄，成為最新的紀錄保持人。如果說一九八〇年代，是阿諾在健美界締造傳說的黃金時代，那一九九〇年到二〇〇〇年則是庫爾曼接續傳說的全盛時期。

庫爾曼在年經時曾經當過美式足球選手，後來跑去當了警察，並且用現職員警的身分參加健美比賽。他是健美史上數一數二的大力士，仰臥推舉可以臥推到兩百公斤；最驚人的是腿部推舉，竟然可以推到一噸（以一般成年男性的標準來看，就算使盡全身力量，能推到一百公斤已經是十分困難的目標了）。

庫爾曼還有一個奇怪的習慣：只要在重量訓練時，不論正在挑戰多麼驚人的負重，他都會充滿活力的喊著：「很輕啦！」（Light Weight），就算腳上正推著一噸的重量也不例外。

這種向自己喊話的習慣，在心理學上被稱為「自我暗示」。以前的人們總以為這只是一種自我催眠的方法，並沒有科學根據，但是以現在的科學技術，我們可以透過儀器觀測大腦的活動狀況，發現這一類自我暗示，確實可以透過語言影響我們的想法與感受，進而產生實質的幫助。

或許我們平常面對的壓力，不像庫爾曼的訓練一樣沉重，但日復一日的工作，難免會有意志消沈、壓力大到喘不過氣來時。當我們腦海裡的負面情緒不斷湧出：「怎麼還有這麼多未完成的待辦事項」、「這個月的目標也太誇張了吧，怎麼可能達成啊」，不妨就學庫爾曼，把心思跟注意力關注在眼前的工作上，並且鼓勵自己「這也沒有多難嘛」、「這應該很快就能完成吧」，或許就能發揮驚人實力喔！

05

奧運金牌選手的想像力練習

美國泳將「飛魚」，麥可・菲爾普斯
（Michael Fred Phelps, 1985-）

菲爾普斯被譽為是游泳史上最優秀、最傑出的選手，即使是對游泳比賽不感興趣的一般人，多少也都聽過他的名字。

在菲爾普斯的訓練過程中，有一種特別的練習法，就是在自己的腦海裡，一次又一次的反覆想像一場完美的比賽，甚至要做到像影片重複播放一般，每一個細節都要留意，不能馬虎帶過。

包括自己站在泳池邊的跳臺上、隨信號聲響一躍而下，身體在水面下順著水流划動，第一下、第二下、第三下……然後抵達終點，摘下泳帽、抹掉臉上的水珠，最後抬起頭看著顯示成績的螢幕。每一個想像練習的環節，都必須精準到以秒為單位來重現一次。

這套練習法，是菲爾普斯的游泳啟蒙教練教他的，他每天起床後或入睡前，都會在腦海中反覆進行想像練習，把整個完美的比賽過程，深刻的印在腦子裡。

等到面對重要比賽時，教練會對他說：「播放影片！」然後菲爾普斯就像被催眠一般，反射性的呈現出完美比賽內容。這種想像練習的訓練法，除了讓他穩定比賽情緒之外，也能讓菲爾普斯在比賽時，萬一遭遇意料之外的狀況，能沉著以對而不慌張。

就拿二〇〇八年的北京奧運來說，菲爾普斯在男子兩百公尺蝶式的決賽中，奮力游到一半泳鏡卻進水起霧了，在看不到前方的情況下，他也絲毫不受影響，冷靜在腦海中重現想像練習的內容，包括泳鏡進水起霧時，會發生什麼狀況？應該如何處理？

於是他按照預想畫面，計算自己的划水次數，因為每五十公尺需要划約十九到二十一下，所以他在失去視野的情形下，就以此為估量前進距離的標準。

果然當他划出第二十下時，感覺終點就在前方，就如同他腦海中所播放的畫面，在第二十一下碰到終點的牆面。整場賽事中，每一幕都跟他想像得一樣，然後他抬起頭望向計分板，看到自己的名字旁邊寫著「WR」（世界紀錄）兩個字母。

一般選手很難想像在失去視野的情況下還能完成比賽，但菲爾普斯不只拿下金牌，還創下新的世界紀錄。

類似這樣的想像練習，其實是一種已經被廣泛應用的心智鍛鍊法，例如在眾人面前說話會怯場，就可以先在腦海中演練過一次。包括一早起床後，自己是怎麼練習演講的，自己又是怎麼站到臺上、怎麼面對觀眾、怎麼順利完成演講過程。

只要從頭到尾反覆想幾遍，一切就好像沒那麼可怕，精神上的壓力與負擔也減輕了；甚至還能在想像中，加入一些「成功完成演講後，要做些什麼來犒賞自己」的橋段，可以讓自己在面對問題時更加正面積極，這也是許多人常用的訓練法。

06

寫作可以幫你釋放心情

英國物理學家，詹姆斯・克拉克・馬克士威（James Clerk Maxwell, 1831-1879）

劍橋大學聖凱瑟琳學院（St Catharine's College, Cambridge）曾經做過研究得知：有寫作習慣（尤其是寫詩）的人，可以透過文字抒發情感，對於維持心理狀態的健康頗有助益。

例如將生活中讓自己印象深刻的所見所聞、感動與領悟等，反覆咀嚼後用文字加以抒發，可以獲得療癒心靈的效果。英國物理學家馬克士威，就是一個愛寫詩的科學家。

曾有人說：「整個物理學的領域，是由牛頓、愛因斯坦及馬克士威這三位大師所建構而成。」當然這樣的說法不無過度簡化，有幾分誇飾的意味在內。

但實際上，牛頓在古典物理學上的研究，驗證與推論了肉眼可見的物理運動狀態，成為力學的重要基礎；而愛因斯坦則是開創了現代物理學的先河，成為量子力學的根基；馬克士威則是在電磁學的研究方面，創造了極大貢獻。

就連愛因斯坦也曾經給予馬克士威極高的評價，說馬克士威是繼牛頓之後，為物理學帶來深刻與豐富成果的重要人物。只可惜他在世的時間太短，僅僅只有四十八歲而已，所以也有人曾說：「如果馬克士威再長壽一點，或許發現『相對論』的人就不一樣了。」

馬克士威與牛頓、愛因斯坦並稱為奠定古典電磁學理論的偉大物理學家。但他也是個愛寫詩的人，喜歡在詩句中記錄生活、抒發情感，例如他曾經寫過一小段詩，描述「靈感來自於潛意識」這件事：

我們擁有想法、我們擁有力量，但我們一時無法看見，
它在自我深處隱藏、在意識底層暗湧，
在悄無聲息的感知中來回激盪，

於是我們潛入深淵，在礫石與漩渦中不斷尋找、不斷尋找。

寫詩對於馬克士威來說，要先將日常中的觀察所得或腦海中的思緒加以梳理，進而賦予形式與架構，最後再用篩選過的精練詞彙來完整它。這跟科學研究十分相似，都是一種邏輯與理性美感的呈現，也都需要經過演繹與歸納，才能在簡單的語句中表達出複雜的概念。

正如同本書中介紹的許多傑出人物，他們共同追求的目標都是簡單精練、節奏明快。當大家有滿腹豐富的情感、精彩的體驗、迸發的創意想要表達時，不妨就學馬克士威寫詩吧，透過詩歌、俳句、短文等，讓自己的情緒得以一吐為快，也能保持心理健康喔！

07

三十分鐘冥想鍛鍊法

推特創辦人，傑克・多西
（Jack Dorsey, 1976-）

矽谷可說是聚集了全世界最多天才與高科技菁英的地方，但如今卻吹起一股著迷於東方文化或印度哲學的身心靈風潮。其中一種可能，是因為受到前往矽谷工作的亞裔或印度裔新移民所影響。

而另外一種可能，則是矽谷高度壓力密集與步調快速的工作環境所致，讓這些在矽谷工作的人們，開始轉而研究「如何透過心靈修行與鍛鍊，讓自己可以離苦得樂」的東方哲學法門。

這股身心靈的冥想旋風吹進矽谷裡，讓科技巨頭谷歌公司開始為員工舉辦一系列跟冥想有關的課程，期待幫他們紓解壓力，並獲得了好評。甚至就連推特

（Twitter）的創辦人傑克．多西，也拜倒在這股身心靈的神祕力量底下，成為矽谷最具身價的冥想愛好者。

傑克每天會在五點到五點半之間起床，然後先冥想三十分鐘，接著會出門慢跑十公里後，才開始一整天的工作與生活。

對他來說，整個慢跑的過程，也算是冥想的延續，只要每天都有按部就班的完成這些動作，就能整頓好思緒，神清氣爽面對一整天的挑戰，可見得冥想確實有讓人著迷的效果。

美國俄勒岡大學（University of Oregon）曾經做過一項實驗，特別找來一群人，請他們在每天固定的時間進行冥想練習，連續四星期之後，檢查他們的大腦結構，發現跟「自我控制」有關的區域全部都變大了，這也證明冥想確實可以改變大腦的運作狀態。

所以我們只要輕輕閉上眼睛一分鐘，緩慢調整呼吸，同時去除雜念，就算不是正規的冥想法門，也能感受到身心安頓、壓力減輕的寧靜效果。

08

我閉上眼睛，以求能看見

法國知名畫家，保羅．高更
（Paul Gauguin, 1848-1903）

法國的知名畫家高更曾經說過：「我閉上眼睛，以求能夠看見！」這句話不只是一種抽象概念上的描述，更是高更在創作時的具體習慣。

他也曾經在寫給某人的信中這樣說：「只要我閉上眼睛，就會有一片宛如夢境般，無邊無際又難以定義的神奇空間，展現在我的眼前。」

以一般人對於繪畫的理解來說，就是把眼前所看到的具體主題事物，鉅細靡遺的描繪在畫布上。但是對於高更這類後印象派（Post-Impressionism）的畫家而言，他們所想要表達的不只是「主題的具體形象」，還包括了自己內心對於主題的覺知與感受。

所以他們特別需要閉上雙眼，讓想像力在腦海中奔馳、重組後，再創作出另一種主題的內在形式。而在西洋藝術史的流派分類上，包括梵谷、塞尚（Paul Cézanne）等，都是這個領域中的代表人物之一。

而印象派前期與後期的主要差異，則在於這些時期的畫家們，是如何解構「主題的具體形象」。

以印象派的特色來說，主要在於詮釋光影的變化，畫家們認為物體沒有絕對的顏色，所有呈現的色彩都是受到光線影響所致；而後印象派的畫家，則更進一步的解構所有具體形象，認為所有主題都「沒有絕對的形體與架構」，所以在畫布上呈現的，是內心的感受與經過詮釋後的意象。這也就不難理解梵谷的《星夜》，為什麼會用漩渦線條表現了。

高更的藝術創作不只有繪畫，也包括了許多雕塑作品。在他傳世的雕塑作品當中，有著彷彿是南美洲安地斯山脈古文明或是馬雅文化的想像力特色，尤其他刻意變形後的人物比例，頭大身體小充滿了童稚趣味。

我們不妨可以說這是高更閉上雙眼後的想像世界，如同孩子般的天真幻想，不講究嚴謹寫實的構圖、也不追求洗練的技法，展現純粹無瑕的豐富想像。

另外一位有名的立體派（Cubism）畫家畢卡索，也常被人說「作品像是小孩子畫的」，他就是高更的崇拜與追隨者，甚至還模仿過高更的繪畫方式，留下不少流傳後世的作品。

我們在前一篇曾經介紹過傑克・多西的冥想練習，看完了本篇，推薦大家可以試試高更的方法，就是暫時閉上雙眼。據說只要閉上眼睛幾秒鐘，大腦就能產生讓心情感到安定的「α波」，簡單就能達到類似冥想的效果。

而這種方式也常被運動科學的專家們，使用在運動員的訓練上，要求他們在關鍵時刻如比賽前，先閉上雙眼、深呼吸，藉以穩定心智、舒緩肌肉、強化身體的運動機能。這也成為國際上的大型運動賽事，運動員們在比賽開始前，最常被攝影機捕捉到的畫面之一。

這個能讓畫家展現豐富想像力、讓運動員提升身體運動機能，還經過科學證實的良好習慣，你不試試嗎？

09

樂觀，就是凡事先往壞處想

美國第四十五位總統，唐納．川普
（Donald Trump, 1946-）

美國第四十五位總統川普，在當總統之前是靠經商與房地產起家的，根據知名商業雜誌《富比士》的推估，川普個人所累積的資產就有約五千億日圓之多。

儘管一般媒體多報導川普驚世駭俗的言行，與不同於一般政治人物的狂妄性格，但這些面向，有一大部分是川普刻意在媒體面前所展現的，因為他知道這麼做會有新聞、講這些話會有曝光度，所以他運用自己對於大眾傳播媒體的理解，讓自己在媒體上能免費獲得極大的聲量。

川普的崛起過程充滿傳奇色彩，但跟一般人對他的刻板印象不同，他有優秀的判斷力，並懂得為各種可能的狀況預作準備，這也幫助他成功度過許多次危機。

川普曾說：「大家好像都認為我是一個樂觀到無可救藥的人，但其實我是很悲觀的。我總是先去設想最壞的狀況，只要連最糟的狀況我們都能解決，那其他應該就沒有什麼好擔心的。」

所以川普在工作上十分謹慎、嚴謹並擅長聆聽，而且他總是隨時準備好五、六個應對的方案，既然未來不可預知，就把最好跟最壞的狀況都考慮進去，才有可能萬無一失。

儘管外界對於川普的批評聲浪不斷，甚至嘲諷他是不入流、性格低劣的前美國領導人，但不得不說他在任期間，讓美國經濟穩定成長、失業率也創下有史以來的最低紀錄，甚至連那斯達克綜合指數（NASDAQ）也屢創新高。

所以退一步想，川普既能當個傑出的商人，又能當上國家最高領袖，肯定有他厲害的地方，絕不會是個簡單的人物。

我們不妨學學川普，凡事先往壞的地方設想，正所謂置之死地而後生。太過一廂情願的正面樂觀，雖然態度上看似積極，一旦發生問題或出現意料之外的狀況，就只能束手無策、坐以待斃。

反之，如果我們能把最壞的情況先想過一遍，當問題真的發生時，不會毫無準備，心裡也會比較踏實。

10

談判不是比大聲，你得有籌碼

ＦＢＩ首任局長，約翰・埃德加・胡佛
（John Edgar Hoover, 1895-1972）

胡佛是美國聯邦調查局（ＦＢＩ）的首任局長，他不僅創立了ＦＢＩ，而且局長一當就是四十八年，直到過世為止，可說是把這個職位當成了終身職。

這種情形對於以民主國家自居的美國來說，簡直是不可思議，就算放眼全球的其他民主政體，像這樣的例子也極其罕見。所以在好萊塢所出品的犯罪懸疑類電影中，如果背景設定在一九三〇年到一九六〇年左右，片中多半會出現胡佛這號人物，或是以胡佛為原型所設計的角色，因為他對當時的影響實在太深遠了。

為什麼沒有人敢動搖胡佛的地位呢？最主要是他因為工作的關係，手上握有太多人的把柄，尤其是那些政治人物們見不得光的祕密。他手上控制著ＦＢＩ，並打著調查的名義，可以名正言順的翻遍每個政治人物的隱私，不只監聽、監看，連對方家裡的垃圾桶也不放過，任何蛛絲馬跡都能列冊建檔。

以至於每當有新一代的政治人物想拉他下臺，委婉的對他說：「胡佛啊，你在FBI服務這麼久了，有沒有考慮要趁世代交替的時機急流勇退呢？」他就會從口袋中掏出與這個人有關的調查報告，包括醜聞隱私或爭議的行為等，然後對方只好摸摸鼻子，打消換掉胡佛的念頭。

胡佛就這樣在爾虞我詐的美國政壇中，屹立不搖的「服侍」了前後共八位美國總統（用「服侍」一詞應該沒錯吧），穩坐FBI的局長寶座長達四十八年，他簡直就是深諳為官之道的天才啊！

回顧胡佛的出身，他來自一個貧窮的家庭，年輕時一邊在圖書館打工、一邊認真苦讀，終於考取律師資格，並進入美國聯邦司法部任職。才二十九歲的他就嶄露頭角，被任命為當時調查局（BOI）的局長。

美國的正式名稱為美利堅合眾國，從字面上來看，就是這個國家由聯邦各州共同組成，因此在一九二〇年以前，治安與犯罪偵查方面的業務，主要仍是由各州自行負責。

但是到了一九三〇年左右，美國的黑幫組織規模逐漸大到能跨州進行各種非法活動，以致原本各州各自為政的犯罪偵防系統已經不敷使用，美國政府需要一個能夠跨州執行相關犯罪調查業務，直接隸屬聯邦政府的中央單位。

於是就把原先的調查局升格為聯邦調查局，也就是我們現在所知道的ＦＢＩ。ＦＢＩ成立後，在局長胡佛的帶領下，積極導入科學辦案，逮捕了許多窮凶極惡的犯罪者。

或許我們也可以說，如果不是胡佛，ＦＢＩ的辦案能力未必能像現在一般讓人聞風色變。

但強勢的檢調系統往往是雙面刃，為了偵查線索、獲取資訊，胡佛所使用的方法有時候並不這麼光明正大，例如竊聽、違法蒐證等行徑，他也從來都沒少過。所以他總是一副「我知道你們在搞什麼，我手上有你們的資料，你們最好不要輕舉妄動」的姿態，讓許多政商人物忌憚三分。

在這邊分享胡佛的故事，並不是要大家效法胡佛，到處蒐集別人的八卦或小辮子，而是要告訴大家，只要讓自己變得不好惹，別人自然就不會輕易對你出手。

而且這件事情如果反過來思考，我們也可以透過觀察來了解別人的狀況，如果對方有什麼缺失，不論是要直接出手相救或是暗中幫忙，都可以賣個面子給對方，久而久之，可以提升自己在別人眼中的重要性，也能贏得其他人的好感與人情。

11 控制負面情緒的最佳方法

印象派畫家，文森・梵谷
（Vincent van Gogh, 1853-1890）

當今藝術拍賣市場中，每一幅畫作都價值連城的印象派代表畫家梵谷，在他生前，他的作品可說是乏人問津，連一張都沒有賣出去過（只有親戚曾經為了支持他，而勉強收購了一幅油畫與幾張素描）。

梵谷身為畫家卻無法靠賣畫營生，不免遭到周圍親友的白眼，就連父母也看不起他。但只有梵谷的弟弟西奧（Theodorus van Gogh）始終願意相信他、支持他，甚至不間斷的給予許多精神與經濟上的幫助。

而梵谷也因為弟弟總是願意伸出援手，供給他一切生活所需，所以並沒有後人所想像得這麼窮困潦倒。雖然他在生活上相當清寒簡樸，但有更大可能是梵谷基於清教徒的身分，崇尚簡約與安貧的信仰所致。

也因為梵谷跟弟弟西奧的關係緊密，所以他一直維持著寫信給弟弟的習慣，從一八七二年到一八九〇年他過世為止，總共寫了六百六十八封信給西奧。

而這些信件的內容也五花八門，從心情抒發、日常雜記到作品構思等，什麼內容都有。在梵谷寫給弟弟西奧的信件中，還會發現一些作品的原始構圖或素描草稿等，我們不難推測梵谷之所以下筆繪畫的速度極快，很可能是因為他在寫信的過程中，已經構思過無數次，才能在正式創作的時候毫不遲疑。

另外，在梵谷給弟弟的信件中，有很大一部分是他個人的思索與疑惑，例如：「你問我人生的終極目標是什麼？我其實無法準確的回答，但我只能說，隨著時間的推移，答案總是會越來越清晰的。就像畫畫，從一開始幾筆粗糙的線條，漸漸勾勒出草稿與輪廓，最後修改、上色，直到一幅美麗的油畫完成為止。過程中就是這麼一點一滴的思索、調整與累積，最後得到心目中的答案。」

又或是：「偉大的成就，並不是靠一時的衝動所能達成，需要一連串的努力才能累積成功，是意志堅定的成果，不是偶然的奇蹟。」

這些內容不僅是梵谷在勉勵自己，也是告訴弟弟不要擔心，只要持續努力，總能獲得回報。

雖然梵谷在有生之年都無法回報弟弟的幫助，他自己也曾難過的說：「我唯一的本事就是畫畫，但這個世界好像無法認同我的能力與價值。」最後甚至精神出現狀況，選擇舉槍自盡，把所有的作品都留給弟弟，當成是唯一能做到的彌補。但在他寫給弟弟的每一封信裡，我們還是能看到梵谷試圖整理思緒、調整心情再振作起來的過程。

美國加州大學的馬修・利伯曼（Matthew D. Lieberman）博士，曾經發表過一項研究，其內容表示：「**書寫自己的想法，對於控制負面情緒有極大幫助。**」**無論是日記、詩歌、筆記等書寫形式，都能有類似的效果。**

而且這種效果在男性身上，會比女性更為顯著，這種性別上的差異，有可能是因為女生比較善於表達情緒與內心想法；而男生則不擅長相同類型的表述，所以透過書寫整理思緒、抒發心情，對男性而言體驗會更為強烈。

不論你是男或女，都可以試著把心情或想法寫下來，必能獲得內心的平靜喔！

12

聽音樂，而且是重複同一首

法國知名導演，盧貝松（Luc Besson, 1959-）

法國導演盧貝松曾經執導過許多國際知名的電影作品，例如《碧海藍天》（*The Big Blue*）、《終極追殺令》（*The Professional*）、《第五元素》（*The Fifth Element*）、《霹靂煞》（*La Femme Nikita*）等。

尤其《終極追殺令》一片的女主角瑪蒂達，由當時還是小女孩的娜塔莉·波曼（Natalie Portman）擔綱演出，盧貝松在這部片子裡，完整挖掘出娜塔莉的個人魅力，至今仍受到世界各地的狂熱粉絲喜愛。

雖然在二〇一七年，盧貝松以法國影史上最高製作成本（約兩百四十五億日圓）所拍攝的科幻電影《星際特工瓦雷諾：千星之城》（*Valerian and the City of a*

Thousand Planets），在票房上慘遭滑鐵盧，但仍無法抹滅盧貝松從一九八八年到一九九九年之間所展現的驚人才華，堪稱法國僅見的天才型導演。

盧貝松從小生長在遠離都市的海邊城鎮，在純樸的環境中連玩具都很匱乏，所以他會跟著朋友一起到海邊撿石頭，並且把石頭拿來當成太空船等，以滿足自己豐沛的想像力。而他的成名作《碧海藍天》，正是深受這段童年記憶所影響。

盧貝松在拍電影時有一個特別的習慣，就是他會邊聽音樂邊拍片，而且聽的都是同一張專輯。據說他在拍《星際特工瓦雷諾：千星之城》的時候，每天早上聽的是艾美懷絲（Amy Winehouse）的最後一張專輯《黑色會》（*Back to Black*）；而在拍《以愛之名：翁山蘇姬》（*The Lady*）時，他聽的則是R&B樂團莎黛（Sade）的專輯。

這個習慣據他自己說，是一種能透過音樂喚醒昨日記憶的方法，只要同樣的樂曲響起，自己就會維持在某一種特別的節奏與情緒當中。

其他像是有籃板王之稱的前ＮＢＡ職業籃球選手丹尼斯．羅德曼（Dennis Rodman），也有類似的習慣：他在健身房重訓時，一定會聽搖滾樂團珍珠果醬

（Pearl Jam）的音樂。可見得這種習慣，除了可以讓自己聽到喜歡的音樂感到開心之外，還能有帶自己進入絕佳工作狀態的效果。

13 學會開自己的玩笑

法國文豪，大仲馬（Alexandre Dumas, 1802-1870）

法國文豪大仲馬因為著有《三劍客》系列與《基度山恩仇記》（*The Count of Monte Cristo*）等冒險小說，而廣為人知。尤其在《三劍客》一書中的許多角色，至今仍廣受歡迎，擁有極高的人氣，例如年輕氣盛的主角達太安（d'Artagnan）與三位劍客：亞拉米斯（Aramis）、亞多士（Athos）及波爾多士（Porthos）等，經常被好萊塢電影或日本動畫借用為人物設定或創作題材的參考。

大仲馬所創作的故事中，常會出現歷史上真實存在的人物，例如十六世紀的法國政治家樞機主教黎希留公爵（Duc de Richelieu）等。故事大多以真實歷史為背景，但會再大膽改編讓劇情變得有趣，就好像是根據正史《三國志》所改寫的歷史小說《三國演義》。

像這種以真實歷史為基底，卻富含小說娛樂性的作品，在古典文學的領域中並不常見，所以也很少文學作家能像大仲馬一樣，故事一推出就立刻受到民眾的歡迎，讓他在當時成功躍升為暢銷作家。

但大仲馬也不像表面上所看到的這麼風光順遂，有個困擾他一輩子的問題，就是他因為擁有四分之一的黑人血統，加上外表也顯現出他黑人血統的特徵，導致他一直遭受到種族歧視的差別待遇。

大仲馬的父親是由法國貴族與女黑奴所生，而像這類白人與黑人所生的混血兒，被稱為穆拉托人（Mulatto）。大仲馬繼承了父親的外型特徵，以至於讓他在青少年的階段，飽受法國白人的欺負與差別待遇。

但這也讓大仲馬學會了如何用自嘲的方式，化解那些充滿種族歧視的尷尬場面，並靠著幽默感減輕被歧視的痛苦。

例如在他的短篇小說《喬治》（*Georges*）裡，就曾經描寫過類似的嘲諷場景。故事主角說：「我父親是黑人與白人的混血兒，我的祖父是黑人，而我曾祖父則是一隻猴子。你看巧不巧，沒想到我家族血源的起點，剛好是你家族血源的終點耶！」像這樣用自嘲的方式來揶揄他人，正是大仲馬在現實生活中，因為經歷了無數次的歧視與惡意，才磨練出的拿手好戲。

有研究指出自嘲這個動作，由於是自己有意識所為，所以比起他人的嘲諷來說，更不具傷害性，也不會在心裡累積負面情感。美國新墨西哥大學（University of New Mexico）有研究者曾花兩年的時間，以大學生為對象，調查「幽默感是否會增加對異性的吸引力」。

研究者把接受調查的對象分為四大類：

1. 對話時一點幽默感也沒有，完全沒辦法開玩笑。
2. 可以開一點玩笑，但僅限於普通的玩笑內容。
3. 老是拿別人的失誤或缺點來開玩笑。
4. 有幽默感，會拿自己的缺點來開玩笑。

研究結果顯示「**有幽默感，會拿自己缺點來自嘲開玩笑的人，最具有吸引力**」，尤其是那些成績優秀或是家世背景顯赫的人，因為反差的關係，開起自己的玩笑時，更是深具魅力。

從前面的**研究結果可以證明，大家都喜歡那些可以開自己玩笑的人，因為相處起來比較輕鬆。而且只要自己先拿自己開玩笑，別人自然就不會對著你的缺點來落井下石，被攻擊或挖苦的機會也會比較低。**

所以放下身段，學會幽默的自嘲，絕對是個可以快速拉近距離，建立良好社交形象的好方法喔！

14

世上沒有真情流露，背後都是精心彩排

美國第四十四位總統，巴拉克・歐巴馬
（Barack Obama, 1961-）

美國第四十四位總統歐巴馬在演講或公開談話時的風采與魅力，常被人拿來與第三十五位的總統約翰・甘迺迪（John F. Kennedy）相提並論，甚至有人說歐巴馬是「黑色甘迺迪」，可見兩者在民眾心中所享有的高人氣。

尤其以採行總統制的美國來說，對於擔任總統一職的人選，不論是能力與個人魅力的要求程度都相當高。所以歷任美國總統的參選人，都必須想方設法的在選戰中展現個人實力，建立出能受到人民信任的形象，才有可能在選舉中勝出，以擔當大位。

而歐巴馬能成為美國歷史上第一位非裔總統，他過人的演講才華功不可沒，在

許多公開談話的場合，他的演說總是能打動聽眾，甚至讓聽眾感動落淚。據說歐巴馬的妻子蜜雪兒（Michelle），當年曾經拒絕過歐巴馬的求婚，直到後來見識過歐巴馬的演講才華，才深受感動，點頭嫁給他，可見歐巴馬的說話功力有多厲害。

而造就歐巴馬完美演講的背後，鉅細靡遺的演講稿與輔助演說的提詞機，扮演了十分關鍵的角色。

在許多次贏得感動與喝采的演講場合，其實都經過了歐巴馬與幕僚人員的縝密計算，包括說到哪一句話時要停頓、說到哪一段時要哽咽，甚至哪一句話的語氣要加重等，都完整寫在歐巴馬的演講稿上，並且透過提詞機的提醒，讓歐巴馬的每一場演講，那些看似真情流露的畫面，都是完美且精心設計的演出。

從歐巴馬的例子，我們或許可以理解那些站在舞臺上展現驚人成果的天才們，除了天分之外，也需要額外的準備與借助外力，才能成就每一次成功的表演。所以當我們面對不擅長的事情，不妨掌握鉅細靡遺的準備與借助外力這兩個要點。

例如不擅長以電話溝通的人，可以事先記錄要傳達或要交涉的要點，在通話的過程中對照著筆記溝通，以免一時手足無措，漏掉重要的事或談到不好的條件。

不用擔心看小抄是什麼作弊或不光明正大的手段，又沒有人會因此遭受損失，只要能達成目標，任何輔助方法都不妨試試看。

唯一要留意的地方是：就算是演講天才歐巴馬，也可能會遇到提詞機故障的時候。所以我們可以借用外力來幫助自己，但絕對不要過度依賴它，為了讓自己可以應付任何突發狀況，多預留一種備案總是好的。

15

處於劣勢時，如何逆轉勝？

日本天才將棋棋士，羽生善治（1970-）

天才棋士羽生善治是日本將棋界的傳說，他高中時就成為日本職業將棋的棋士，之後橫掃日本棋壇各大獎項，並完成獨占七大冠軍頭銜（七冠）的壯舉。

在二〇一七年，更因為完成七大冠軍頭銜的連續奪冠條件，成為日本將棋史上第一個達成「永世七冠」（按：男性職業棋士的七大頭銜為龍王、名人、王將、王座、王位、棋聖、棋王〔二〇一七年後，加上叡王，改為八大頭銜〕。如果一名棋手能在同一個獎項中，達成連續或累積多次奪冠的條件，則可獲得永世稱號）頭銜的職業棋手，改寫多項日本將棋的歷史紀錄。

羽生善治曾說：「我覺得世界上的人共分為兩種。一種是在遇到挫敗或劣勢時，還能感覺到開心的人，而另外一種則相反。」為什麼他會這麼說？一般人如果遇到挫敗或劣勢，不都會灰心喪志、失去興趣嗎？為什麼天才棋手的想法會跟一般人相反，反而因為陷入苦戰而感覺到開心？

這是因為，每當羽生善治陷入不利的情勢時，他才有機會運用顛覆常理的棋路來混淆對方，並藉此構思勝步，這過程讓他相當過癮。

尤其將棋或西洋棋因為發展歷史悠久，常有一些固定的棋譜套路，例如「遇到對方這樣下的時候，就用這一步來反制」。而這些職業棋手們因為長期使用此道，這些棋譜就像是反射動作般的印在他們腦海中，每個人的直覺反應都差不多。

這時，如果有一個不按牌理出牌的對手，下了一步與大家所熟知完全不同的棋路，這些棋手們往往會因此亂了陣腳。就像在西洋棋裡有一個有趣的研究：只要有人在下棋時，把棋盤上的騎士走到一個不合常理的位置，此時，就算是職業西洋棋手，對這一步能做出的反應，跟一般業餘玩家的反應也差不了多少。

正因為無論是專家或一般人，對於出乎意料的情況，所能發揮的判斷力都極為有限，所以羽生善治認為，就算在下棋時遇到逆風的劣勢，也不要輕言放棄，只要想辦法擾亂對方，讓對方失去判斷的依據，就有機會扳回一城，而這也正是羽生善治下棋樂趣的所在。

類似這樣的策略，在激烈的商業競爭中也十分常見。例如二〇〇〇年，遊戲公司任天堂幾乎席捲整個主機遊戲市場，但隨著3DCG（立體電腦繪圖）的時代來臨，索尼（Sony）等業者搶先進入了新的技術領域，瓜分掉任天堂的市占率。

緊接著微軟以黑船來襲之姿，大肆擴張事業版圖，甚至入侵了遊戲市場，然後在遊戲業界百花齊放的氛圍下，大家紛紛認為「任天堂的時代已經過去了」。卻萬萬想不到，任天堂竟然能以出其不意的一步怪棋，殺出血路重回遊戲王者的寶座。

當時的任天堂，並沒有選擇在3DCG的領域中，與索尼的PlayStation家用遊戲機或微軟的Xbox主機，在次世代主機的競爭中來一較高下，反而另闢蹊徑的轉而開發體感遊戲市場，推出全新型態的遊戲主機「Wii」。

Wii打破傳統電玩用雙手操作搖桿的遊戲方式，讓玩家透過體感裝置的連結，全身都可以成為遊戲的控制器，例如在網球遊戲中，玩家要拿著體感遙控器模擬真實揮拍的動作。

這樣的遊戲型態與傳統的3DCG遊戲完全不同，任天堂可以說是開發了一片全新的遊戲市場，很快又重回家庭遊戲主機的市場寶座。

抵達目標的道路，不會只有一條。當自己位居劣勢的時候，不妨培養自己不按牌理出牌的思考方式，用創意解決困境，這不論在面對日常生活，或是面對職場與商業競爭的挑戰時，一定都能發揮逆轉勝的效果。

第 5 章

因為學習，所以成功

01

流程簡單，才能執行

亞馬遜創辦人，傑夫・貝佐斯（Jeff Bezos, 1964-）

許多人對亞馬遜的印象，可能還停留在網路書店的時代，但現在的亞馬遜可不只是一家網路書店，連我們所能想像的各種商品，什麼都賣、什麼都不奇怪。

尤其在幅員遼闊的美國，網路銷售的重要性遠高過日本，這也是亞馬遜之所以能從一家小型的網路書店，成長為全球最具代表性電子商務龍頭的主要原因之一。

而擁有約一六％亞馬遜股分的創辦人貝佐斯，於二〇一八年更因為亞馬遜股價大漲，身價幾度超越比爾・蓋茲，登上全球首富的寶座。

這個趨勢被媒體稱之為「ＩＴ產業的世代交替」，因為上個世代的全球首富比爾・蓋茲，是靠電腦產業發展的初期，開發出標準化的電腦作業系統，讓全世界的每一個人可以輕鬆使用電腦，才獲得全球首富的地位。

而當電腦與網路的發展，已經普及到家家戶戶，成為每個人日常生活中所不可或缺的元素，此時，貝佐斯搭上這股網路的旋風，開啟線上購物的新時代，不僅改變了全球人們的消費習慣，也在之後的世代，接棒成為新的世界首富。

但人們消費習慣的改變，可不是一朝一夕就能達成，相對於實體店面的消費行為，線上購物雖然因為經營成本較低，在終端銷售價格上比實體店面更有競爭力，但是由於無法直接面對面的與消費者溝通、立即處理消費者的不滿或服務需求，所以售後服務成為線上購物的一大隱憂。

消費者雖然可以用比較低的價格買到商品，但如果商品不如預期或後續退換貨的過程不滿意，很容易會讓消費者失去信任感，再也不願意到網路上買東西。所以每一個線上購物網站，首先要克服的問題就是即時處理客訴，以避免消費者對品牌失去信心。

亞馬遜能在電子商務產業中取得今天的龍頭地位，除了前期投入網路銷售的先行者優勢之外，另一個主要原因就是亞馬遜非常嚴謹的看待客訴事件，會想盡辦法處理消費者的不滿。

消費者們甚至可以直接透過貝佐斯公開的電子郵件信箱寫信給他，足以看見亞馬遜願意傾聽消費者意見的誠意。

當貝佐斯看到這些來自消費者、廠商或顧客的各種信件，不論內容是合作提案、商品客訴等，他會在自己認為重要的信件上，加註「？」符號後，轉寄給相關的負責人。

收信者就必須立刻調查事件的原因、提出補救辦法，並規劃後續解決的流程，再與單位主管確認後，第一時間回報給貝佐斯。因為這一連串的動作，被規定要在幾個小時的最短時間內處理完畢，所以「？郵件」又被員工們稱為定時炸彈。

貝佐斯用最簡單的方法，讓亞馬遜的客訴問題可以立刻解決，沒有複雜的流程、沒有繁複的設計，讓員工們自然而然養成立即處理客訴的習慣。

這也提醒我們，在日常生活中如果想要獲得改變的效果，不一定要用很麻煩的方法。例如想要做好自己的健康管理，與其使用市面上那些複雜的手機 App 來記錄或提醒，不如簡單的在有運動的日子，就在月曆上畫一個「○」，而沒有運動的日子，就在月曆上畫一個「X」。

我們唯一要做的，就是下定決心不讓月曆上連續出現兩個「X」。只要讓自己的行為與簡單的流程相結合，就能輕鬆達到健康管理的目的，而且不論自己想要培養什麼好習慣，都可以用這套方法來達成喔！

02

實務經驗比理論更有用

好萊塢名導演，史蒂芬・史匹柏
（Steven Spielberg, 1946-）

好萊塢大導演史蒂芬，曾製作過無數部膾炙人口的經典電影，更以《搶救雷恩大兵》（*Saving Private Ryan*）與《辛德勒的名單》（*Schindler's List*），兩度榮獲奧斯卡金像獎的最佳導演獎，是當代電影的賣座保證。

但這位大導演其實不是電影科系出身，他大學就讀英文系。雖然他從小的夢想一直都是製作電影，但因為成績不夠、考不上理想的影劇系，只好改變計畫，申請位在環球影城附近的加州州立大學，畢竟選讀的科系無法跟電影有關，至少學校離片場近，或許有機會到電影拍攝現場看看。

這個願望在他入學不久之後，馬上就獲得實現的機會。因為環球影城有部分區域開放給觀光客參觀，所以要進到影城裡面不算困難。但他不想只是體驗觀光客走馬看花的參觀行程，於是就趁參觀時偷偷躲過保全與警衛，進到片場內部閒晃。

此時，史蒂芬撞見在片場內部工作的剪接師恰克・席佛斯（Chuck Silvers），雖然聊沒兩句，席佛斯就知道史蒂芬是偷潛入電影拍攝現場的外部人士，但也能在言談中感受到這個年輕人對電影的熱情。再加上史蒂芬告訴席佛斯，自己曾經製作過四部短影片，席佛斯基於鼓勵年輕人，就給了史蒂芬一張在隔天也能進入電影製作現場的通行證。

沒想到史蒂芬嘗到甜頭之後，隔天竟然提著父親的公事包，假裝成工作人員，大剌剌的進出環球影城，雖然通行證的效期只有一天，但史蒂芬每天都拿著過期的通行證去環球影城「上班」，直到兩年後終於被發現，才被趕出環球影城。

據說在這段期間，史蒂芬曾經發現過一間無人使用的房間，他還做了自己的名牌放在上面，假裝成是自己的辦公室。

當然，他也可以等大學畢業後，再想辦法應徵環球影城的工作，讓自己可以光明正大的進出片場。但是他想要立刻開始學習跟電影有關的一切，滿溢的熱情讓他根本沒有耐心等到那時候，所以一有機會，他馬上大膽的展開計畫，潛入片場裡面實際觀摩工作人員剪接、後製或音效處理等電影製作的各個步驟。

他也在這段工作期間，獲得許多片商高層的聯繫資訊，為他日後拍攝自己的電影，贏得跟環球影城合作的機會。

我是不鼓勵大家學史蒂芬偽裝成工作人員，潛伏在片場兩年，只為了學習電影製作的流程，這畢竟是違法的行為，絕對不要輕易嘗試。但他深入現場，取得第一手資訊的積極態度，卻是我們可以仿效的。

尤其在我們沒有經驗又資訊不足的時候，親自到現場走一趟，確實會有不少收穫。例如因為喜歡漫畫而想成為漫畫編輯的人，與其透過出版社的編輯培訓講座或是在學校修習相關課程，按部就班走比較遠的路終於成為漫畫編輯，不如想盡辦法去出版社打工實習，實際學習編輯與漫畫家的溝通方式、學出版社與印刷廠的合作方法等，從工作現場累積實務經驗，會比間接取得的知識或理論，要來得更快也更有效率。

畢竟實際經驗才是快速建立專業的唯一方法，不論各個領域都適用喔！

03

語錄就是天才們的思考精華

美國新創企業家，彼得・迪亞曼迪斯
（Peter Diamandis, 1961-）

新創企業家迪亞曼迪斯，曾在矽谷創辦了十五家以上的新創高科技公司。而他最有名的成就，則是在一九九五年時與雷・庫茲威爾（Ray Kurzweil）共同籌設了「X獎基金會」（X PRIZE）。

X獎基金會是個獎勵創意的特別組織，它們以比賽的方式，向全世界募集各種能解決全球性議題的創意與對策。而歷年來主辦單位也以如何解決海洋汙染問題、如何發展載人太空船，以實現月球旅行，以及如何提升汽車能源的轉換效率等主題，吸引來自世界各地的參賽者團隊們，一起大顯身手。

透過每年兩到三次的競賽活動，X獎基金會期望能激發參賽者們以現有的科技，挑戰目前全球人類所共同面臨的困境。例如前幾年，他們就曾募集過「快速清除海洋油汙的方法」，有參賽團隊提出了創意並贏得高額獎金，得以實際執行他們的計畫。

但也不是每個問題都能獲得有效的解決方法，例如基金會之前曾經廣發英雄帖，募集參賽者們一起發想：「是否有不透過侵入性的醫療行為，就能診斷身體狀況的技術或機器。」

雖然各個參賽隊伍都絞盡腦汁的發揮創意，但以現時的科技水準，仍無法有效解決這個議題。但基金會也相信，在研發過程中一定會激發許多想法與概念，讓後繼者有機會繼續努力，直到各方面的技術條件都能成熟為止。

是什麼原因讓全世界的天才科學家與菁英工程師們，紛紛前仆後繼的參加X獎基金會所拋出來的議題挑戰呢？高額獎金肯定是一個最大的誘因。因為這些全球議題的解決方法，不論是發想或實驗階段，所要投入的資源一定非常驚人，如果沒有相當的資金挹注，再好的創意也不過是空中樓閣。

X獎基金會以高額獎金懸賞，除了激發參賽者們的挑戰精神，也為這些創意的後續實踐，提供了初期的支持。所以這個獎項也吸引了蘋果電腦、谷歌、特斯拉等跨國企業參與贊助，讓X獎基金會的基金規模，從剛設立時的三億日圓左右，到現在已經高達將近三兆日圓。而像這樣能將虛無縹緲、天馬行空的概念，轉變成可行的創意，進而達到推動科技、改變世界的效果，確實充滿矽谷精神。

X獎基金會的創辦人迪亞曼迪斯，相信聚集眾人的智慧，不僅能解決全體人類的問題，也能幫助自己做出正確的判斷。所以他在每天能看到的地方，也就是辦公室的牆壁上，隨時都貼著許多能幫助自己思考與決策的語錄佳句，有些是出自歷史上的偉大人物，有些則是出自於自己的靈光一閃，例如：

「能跑的時候，就不要用走的。」
「覺得疑惑時，先停下來想一想。」
「行動越快，越有效率，就有更多時間做其他應用，生命長度自然就越長。」
「如果無法取得勝利，就改變遊戲規則吧！」
「好事不出門，壞事傳千里，有話題才能吸引注意，因為我們的大腦，習慣尋找那些讓我們感覺到恐懼的事物。」

這些迪亞曼迪斯的原創語錄，都蘊含著他在每天日常生活與工作上的靈感，而他貼在牆壁上的那些名言佳句，也都是前人的智慧結晶。藉由這些菁英與天才們的思考精華，一定也能讓我們有所啟發，不妨也學他寫下來，貼在每天都看得到的牆壁上吧！

04

大文豪的日記，寫的也都是瑣事而已

俄國文豪，列夫．托爾斯泰
（Leo Tolstoy, 1828-1910）

說到日記，大家可能都會聯想到國小時的暑假作業。老師總是要我們一天一篇，把整個暑假的每日生活都記錄下來。但我直到現在都還記得，當時有多討厭這份作業，從來不肯老實的每天寫日記，總是等到暑假的最後一天，才一口氣寫完整個暑假的分量。當然，日記中的天氣欄位，也只能憑著感覺亂填，但又害怕會被老師發現。

不過日記對於曾經寫過《戰爭與和平》（*War and Peace*）、《安娜．卡列尼娜》（*Anna Karenina*）等經典作品的俄國大文豪托爾斯泰來說，可就不像小學生這般敷衍了事。他從十九歲開始寫日記到去世前為止，整整六十年都維持著寫日記的習慣。

托爾斯泰會每天寫日記，其實有著明確的目的性，他想藉由日記記錄自己每天的生活，以便能客觀的觀察自己，並用來自我管理。所以在托爾斯泰的日記裡面，內容有許多篇都跟他的學習歷程有關。

例如打算學些什麼、怎麼學、學習的進度為何、有沒有什麼特別需要改進的地方等。他也會誠實記錄自己的學習狀況，在日記中寫著「我好像一口氣安排太多事情了」、「原本打算要一鼓作氣的處理完這些事，但實際上卻心有餘而力不足」，除了反省自己無法完成表定的計畫，也提醒自己日後不要重蹈覆轍。

進一步討論寫日記的習慣，可能跟托爾斯泰的童年成長背景有關。他兩歲時母親去世，九歲時父親也相繼過世了，托爾斯泰就此成為孤兒。

沒有完整的教育環境讓他可以上學讀書，托爾斯泰只能靠自己努力學習。但在十九世紀末的當時，連書本都是奢侈品，自學根本就是一件非常困難的事。他卻靠著自己的努力，成為俄羅斯的知名作家，一路的艱辛可想而知。

想要在嚴峻的刻苦環境下獲得成功，不可或缺的就是堅強的意志力與自我管理的決心，托爾斯泰靠寫日記不斷提醒自己這兩點。在他的日記中，我們可以發現他不斷對自己喊話，勉勵自己要自制、要堅強，例如：

- 一旦有想完成的事，就要努力付諸行動。
- 每次出手都要用盡全力、毫無保留。
- 一次做好一件事。
- 拓展自己的視野，深化自己的智慧。
- 只要把書裡的知識完整消化吸收，就不用再花時間重讀。
- 不要被他人的意見左右。

直到托爾斯泰過世為止，他所寫的日記累積起來有將近三十本。除了跟學習有關的內容，還有一些是他對於宗教與哲學的研究，以及對情慾與異性相處的省思，他甚至還把自己對情慾的罪惡感與自我反省等，都完整陳述在日記中。

其中有一篇是這樣寫的：「對性慾最佳的態度，就是『忍耐』；其次，則是與一位純潔的異性建立穩定的關係，一起生養子女、共組家庭；再其次，則是與不特定的對象，透過交易發生關係，但結束後就將一切拋在腦後，雲淡風輕；比較不好的，是跟別人的配偶有不正當的連結；而最糟糕的，則是與不貞的對象交往。」

很難想像一代文豪的日記，竟然也有這麼保守傳統、不合邏輯的部分。但細查這篇日記寫就的時間，是一九〇〇年托爾斯泰七十二歲時所寫下的日記內容。當時他正嚮往基督教信仰，並對於教義中與禁慾有關的修道生活充滿興趣，所以雖然是老大不小的年紀，卻寫下如同青春期少年般對情慾的怪異理解，也就一點都不奇怪了。而這正是後人想了解作者，透過日記是最好的方法。

有些人說，作家之所以寫日記，是為了要磨練自己的寫作能力、建立自己的寫作風格，但在托爾斯泰的日記中，比較難看出類似的意圖，反而有更多是對自己生活的觀察與檢討。

而且日記本來就不用講究什麼特定的格式，就算像托爾斯泰一樣寫一些無關緊要或似是而非的想法，也完全沒有問題。

有科學研究曾經證實，寫日記有助於提升個人覺知，所以不論是寫下今天的生

活瑣事，或是預作明天的計畫、抒發自己的心情煩惱、做做關於未來的白日夢等，大家不用拘泥形式，現在就開始寫日記吧！

哪怕是記錄在非公開的社群媒體上，只要注意資訊安全也完全沒有關係，反正連大文豪的日記也不過就是一些瑣碎的雜事，所以我們不妨想寫什麼就寫什麼，不用有包袱，立刻就開始吧！

05

就算是天才，也需要激發靈感的好朋友

數學家，庫爾特・哥德爾（Kurt Gödel, 1906-1978）

在數學領域當中有一個非常有名的論證，叫做不完備定理（Incompleteness Theorem），簡單來說，它證實了某些數學命題，無法同時被所有的數學邏輯體系所滿足。換句話說，沒有任何一套邏輯體系，可以用來證明該命題是毫無矛盾的。

這個論點的出現，不只讓一般人暈頭轉向，更讓原本堅信數學一定有其邏輯體系且可被證明的數學家們，陷入手足無措的窘境中。

而要談到不完備定理，就必須先提到一位數學家大衛・希爾伯特（David Hilbert），他是早期數學研究領域中，十分具有影響力的人物。

他曾提出一個偉大的構想，就是希望能找到一個方法，可以建構出整個數學領

域的完備性（Completeness）與一致性（Consistency）。因此，他提出了希爾伯特計畫，希望能找到這個完全符合數學完備性與一致性的邏輯體系。

這個想法激勵了當時全球的數學家們，甚至在一九三〇年，希爾伯特在他六十八歲的退休演說中，當著許多數學家的面前宣誓，自己一定會在將來完成這個夢想，他說：「我們必須知道，我們也終將知道！」

但沒想到一年後，年僅二十五歲的年輕數學家哥德爾，卻提出了哥德爾不完備定理（Gödel's Incompleteness Theorem），證明了以下兩個事實，粉碎了希爾伯特的宏願：

1. 如果某個數學的邏輯體系有一致性，那麼在這套邏輯體系中，一定有某個命題不能被證明為真，也不能被證明為誤。
2. 如果某個數學的邏輯體系，可以毫無矛盾的解開所有數學命題，那它的無矛盾性，就不可能在自己的邏輯體系中得到證明。

哥德爾的論點對數學界帶來極大衝擊。因為在哥德爾之前，大部分的數學家都認為有一個同時兼具完整性與一致性的邏輯體系存在，可以用來驗證所有假設的成立與否。

但哥德爾的論點，卻直指倘若有這套邏輯體系存在，那它將無法被驗證，也就無法符合所謂的完整性與一致性。如果我們用這套邏輯體系來當作是否沒有矛盾的標準，那這套邏輯體系就沒有辦法被證明它沒有矛盾。

翻轉了整個數學研究領域的哥德爾，原本任職於維也納大學（University of Vienna），二戰時期為了逃避納粹的魔掌，遠渡重洋到美國的普林斯頓高等研究院（Institute for Advanced Study）擔任所長。

儘管哥德爾的性格比較嚴謹又不親切，但跟同事愛因斯坦相處得十分融洽。雖然當時的愛因斯坦已經六十多歲，研究生涯也轉趨低調，但是與年輕的哥德爾相處，對愛因斯坦來說就像是為他的創意泉源注入活水。

所以兩個人的關係也像是家人一般的緊密，常會一起從事研究，並天南地北的討論各種有關物理學、數學或哲學上的問題，愛因斯坦甚至說過：「我來上班，是為了能跟哥德爾一起散步回家。」

而兩個人之間的交流，也同樣帶給哥德爾許多刺激，例如哥德爾就曾經在一九四九年時，發表了與愛因斯坦「廣義相對論」有關的「哥德爾宇宙」（Gödel solution）理論。

常常有人說天才是孤獨的，因為天才們的層次太高，以至於身邊總是缺乏與自己程度相當的同事或朋友，往往只能自己一個人埋首研究。但如果我們能像哥德爾一樣，找到一些能夠激發自己創意、可以跟自己一起交流想法的好朋友，誰會想要一個人悶著頭做事呢？

所以平凡如我們，如果有什麼喜歡的領域，請大方分享給周遭的親朋好友知道，就算沒有像愛因斯坦一般厲害的角色來給予我們幫助，一定也能找到幫自己激發靈感、創意的好夥伴。

※有關「不完備定理」的說明，本文中為了讓大家可以簡單理解，所以採用「邏輯體系」一詞。但實際上在數學領域中，用的是公理體系（axiom）。

06

把困難流程切成簡單步驟，各個擊破

瑞典國寶吉他手，英格威．瑪姆斯汀（Yngwie Malmsteen, 1963-）

在流行音樂史上曾經出現過許多天才樂手與音樂人，但瑞典國寶吉他手瑪姆斯汀的出現，可不只是厲害而已，他更改寫了吉他發展的歷史。瑪姆斯汀融合古典與重金屬音樂，創造出全新的音樂風格，受到許多樂迷的喜愛，在流行樂壇有著巨大的影響力。

瑪姆斯汀從小就喜歡古典音樂，尤其是義大利音樂家尼科羅．帕格尼尼（Niccolò Paganini），但是他知道在古典音樂的世界，非常講究扎實的訓練技巧，如果沒有厚實的演奏根基，就無法展現出古典音樂的精華。

所以當他接觸到搖滾與重金屬類型的音樂時，雖然這類音樂對於技巧不像古典音樂嚴謹，但他仍然用對待古典音樂的態度，認真的磨練自己。

某一次他在生日時，收到一把電吉他當禮物，他拿這把吉他練習各種古典樂曲，並夢想著自己有一天，能用電吉他演奏出像帕格尼尼一樣厲害的音樂。他甚至還特別挑選出古典音樂當中，節奏速度比較快的曲子，讓自己不斷練習，甚至練到手指都流血了也不放棄。

經過幾年的苦練，瑪姆斯汀終於擁有無論多快的曲子，都能如實重現的深厚功力。這也造就他為人所稱道的吉他速彈演奏技巧，就連他的音樂同行，英國元老級重金屬樂團「深紫」（Deep Purple）的吉他手瑞奇．布萊克摩爾（Ritchie Blackmore），也曾在聽瑪姆斯汀的演奏專輯時，驚訝的說：「我還以為是唱片被快轉了，沒想到竟然有人可以用這麼驚人的速度演奏。」

瑪姆斯汀用他的古典音樂素養，當成創作搖滾與重金屬音樂的養分，並挾著強大的吉他演奏功力，像彗星一般的閃亮降臨搖滾樂壇。因為瑪姆斯汀的出現，讓樂迷們大幅提高了對搖滾樂團吉他手的演奏能力要求，過往那些只用簡單和弦、隨性演奏的曲風，再也無法滿足聽眾們的挑剔耳朵。

甚至我們可以說，是瑪姆斯汀提升了搖滾樂的整體表現水準，讓搖滾樂壇有了革命性的成長。

據說瑪姆斯汀在練習吉他演奏時，會把左右手的動作分開練習。這種練習方式對於鋼琴之類的樂器來說，因為左右手本來就有各自負責的音域與音階，所以分開練習並不奇怪。

但是在演奏吉他時，左手負責的是按和弦、而右手則要負責撥弦來發出聲音，如果左右手分開練，左手在按和弦時，吉他是沒有聲音的；當改成右手撥弦，吉他又只會發出單一種聲音，這樣的練習方式並不容易。

但瑪姆斯汀為了能夠達成速彈演奏的目標，刻意把左右手的練習分開，先從簡單的單手演奏開始，等左右手都各自熟練之後，才合在一起練習。

像瑪姆斯汀這樣，把困難流程切分成簡單步驟，再依序解決的方法，我稱為各個擊破法（divide and conquer），這通常被拿來應用在理科或工程領域。而divide and conquer一詞，也多半被翻譯成分治法（分而治之法）。但我自己覺得用「各個擊破」的說法，會比較貼近原始的意涵。

這個方法也能用在我們的日常學習中，例如看洋片練習聽力時，如果遇到聽不懂的單字，第一次可以先聽母音就好，等第二次再集中精神聽子音，只要學會各個擊破的技巧，就能輕鬆學習，化繁為簡。

07

老接受同一種刺激，大腦會退化

以太幣發明者，維塔利克・布特林
（Vitalik Buterin, 1994-）

在ＩＴ的發展歷史中，有兩個重要的時間點，第一個是電腦的問世；第二個是網際網路的普及，那在下一個世代，又會出現什麼顛覆性的創新科技呢？各界學者專家一致認為，掀起下一波科技改革浪潮的將會是加密貨幣（Crypto-currency），更準確的說法是，運用區塊鏈技術所發展出來的虛擬貨幣。

除非你這十幾年來都居住在無人的荒島上，不然應該多少都曾經聽過比特幣（Bitcoin，縮寫為ＢＴＣ或ＸＢＴ）或加密貨幣之類的名詞吧？雖然相關的技術仍在實驗階段，但從目前的發展中，我們可以大膽預測，區塊鏈與加密貨幣非常有可能在未來會取代現行的金融貨幣體系。

那到底什麼是區塊鏈技術？以行之有年的業界實務來說，銀行會把所有客戶往來的資料都存在銀行的硬碟裡，並且為了避免硬碟毀損或是遭到駭客入侵，進而造成資料記錄的錯誤或遺失，所以銀行會有統一的主機或伺服器，隨時做好資料備份與檔案管理等工作，但如果這些集中管理的主機或伺服器，也遭遇到什麼突發狀況呢？接下來所衍生出來的問題，將會變得很麻煩。

區塊鏈技術簡單來說，就是把這些資料，藉由網際網路分散儲存在世界各地的不同電腦中，就算某一部電腦遭到破壞，這些儲存的資料也不會有任何風險。

換句話說，類似的資料不需要一個統籌管理的政府機關或私人機構，只要把資料放在區塊鏈上，並使用一組難以破解的密碼來保護，就能達到萬無一失的效果。

而一開始的比特幣，就是一個自稱為中本聰（假名，真實身分至今成謎）的人，為了測試區塊鏈技術所創造出來的加密貨幣系統。自從比特幣問世之後，許多人紛紛投入「區塊鏈與加密貨幣」的研究，改良比特幣的缺點，進而創造出新的加密貨幣，其中最知名的就是以太幣（Eth）。

相較於比特幣只能拿來做簡單的支付動作，以太坊（Ethereum）開發出來的以太幣功能更為齊全，可以透過其圖靈完備的特性，適用於各種電腦系統。

所以我們也能藉此預期，以太幣將有很大機會來整合所有與電腦相關的業務，成為下個世代加密貨幣的發展基礎。

令人難以想像的是，發行以太幣的以太坊創辦人維塔利克．布特林，當時年僅十九歲，他不像比特幣的創造者，匿名發表加密貨幣系統。

布特林以天才工程師之姿，對外發表他所設計的以太幣。更於二〇一四年時，與臉書的執行長馬克．祖克柏，一起入圍被譽為科技界諾貝爾獎的世界科技獎，並打敗祖克柏贏得該獎項。

當時評審們給出的理由是：「能開發出全球通用的社群軟體，確實是一件非常厲害的創舉，但是能設計出一套完整的加密貨幣系統，開創未來金融貨幣體系的新可能，對全球貢獻是更為巨大的。」

布特林出生在俄羅斯，五歲之後移民加拿大，他從小就對數學、程式設計以及經濟學等學科非常感興趣。他曾經因為想要自己做遊戲，而開始學習程式設計，才十歲就做出一套能實際運作的線上遊戲。

之後，他對加密貨幣感到興趣，十七歲時跑去參加比特幣的開發工作，也因此了解到加密貨幣不僅是未來的趨勢，更具有無限可能性。再加上以他對於比特幣的了解，不希望加密貨幣只有單純的支付功能，所以他轉而設計出更完整的加密貨幣系統——以太坊。

以太幣的成功，讓布特林瞬間成為倍受全球關注的少年天才工程師，而「以太幣」也成為加密貨幣市場中舉足輕重的幣種，推估布特林個人所擁有的加密貨幣（包括以太幣在內）高達四億日圓。

理科為本業的布特林，除了工作之外還有一項特別的休閒娛樂，就是他在閒暇時，會大量學習人文和語言相關的科目，尤其特別喜歡學外語，除了他的母語英文與俄文之外，他還會法文、德語、中文，甚至還包括古希臘文與拉丁文等，據說他為了學外文，在看電影的時候，還會特別挑選不是母語的語言版本。

布特林跨領域學習人文與經濟社會等相關知識，對於以太坊的成功，有著關鍵性的幫助。因為區塊鏈與加密貨幣系統，除了程式與系統開發的能力之外，更需要對經濟學有一定的認知，才能確保這套系統的運作能符合社會與金融體系的需求。

姑且不論布特林的聰明才智與天賦異稟，至少我們從布特林的例子中，可以學習到跨領域發展的重要。**且根據研究顯示，重複接收同類型的刺激，會導致大腦反應的遲鈍與退化，這展現在實際生活上，就是長時間從事同一件工作時，我們會特別容易感到疲勞。**

假如你的工作屬於理工科的性質，那不妨在有空的時候，多接觸一些社會與人文相關的事物；假如你所從事的工作，比較偏向人文或商管類別，例如企劃與銷售工作等，那不妨多接觸一些理工科的題材，例如與電腦相關的知識，相信藉由不同領域的刺激，對於活化我們的大腦，會有相當顯著的影響。

08 每天花十五分鐘投資自己

微軟董事長，薩蒂亞．納德拉
（Satya Nadella, 1967-）

微軟曾以主機作業系統在個人電腦市場上叱吒風雲，但隨著網路與智慧型手機的普及，加上雲端服務的發展，逐漸陷入成長停滯的困境，不僅無法跟上最新的科技趨勢，甚至市占率也逐年衰退。

直到二〇一四年，在新上任的執行長納德拉（於二〇二一年六月升任董事長）的帶領下，才讓微軟重新復活，不僅暴跌的股價回升，公司的品牌市值也重新站回全球第三名。

印度裔的納德拉剛接掌微軟時，公司正因為長期沉溺於桌上型電腦的成功，網路系統被谷歌超越、在智慧型手機的開發上又輸給蘋果。所以納德拉的就任，對微軟來說，是賭上公司起死回生的重要大事。

所幸納德拉本身相當熟悉雲端科技，知道微軟所欠缺的關鍵技術是什麼，再加上他與前任執行長截然不同的溫和性格，願意積極主動的與員工溝通，終於帶領微軟重新站穩腳步。

我們不難想像身為一家大型跨國企業微軟的執行長，納德拉每天有多忙，一整天不是跟各部門的主管開會，就是會晤政府單位的相關人士，幾乎沒有私人時間。所以納德拉會盡可能充分利用早上出門前的時光，先在跑步機上跑個三十分鐘，一邊跑步一邊在腦中思考近期的工作計畫，然後再花十五分鐘查找最新資訊、收看線上演講，利用短暫的時間為自己補充ＩＴ領域中的最新技術與發展。

常會聽見有人說我忙到沒有時間，但觀察納德拉的生活作息，證明無論工作有多忙碌，每天要抽出十五分鐘的時間自我成長，並不是難事。所以**不要再為自己找藉口，善用零碎的時間來投資自己，努力一定會為你帶來回報。**

09

首富靠閱讀，改變全世界

微軟創辦人，比爾．蓋茲
（Bill Gates, 1955-）

微軟在ＩＴ產業發展的初期，曾靠著電腦作業系統主導全球電腦產業的發展。而其創辦人比爾．蓋茲，更因微軟稱霸市場，幾度成為全球首富。根據《富比士》統計，在其個人資產的高峰期，身價曾一度高達十兆日圓之多。雖然在我完成本書的現在，蓋茲已經從ＩＴ產業退休，並且在前妻的影響下，投身公益慈善事業，但他億萬富豪的身分，仍在大家心中留下深刻的印象。

這邊與大家分享，這位享譽全球的世界首富，是怎麼度過日常生活的。通常蓋茲在每天起床後，會花上大約一個小時活動身體，他會在自家的健身房裡做些有氧運動，例如使用跑步機等。

接著，他會閱讀每天訂閱的三大報，包括《紐約時報》（*The New York Times*）、《華爾街日報》（*The Wall Street Journal*）與《經濟學人》（*The Economist*），為新的一天做準備。根據他前妻的說法：「蓋茲幾乎不太吃早餐，偶爾心血來潮，也只吃他喜歡的巧克力麥片。」

他在看完報紙後，會到基金會工作，儘管他已經從微軟的經營者位置上退下來，但他現在所經營的公益慈善基金會，業務仍然十分繁重，他也不得不遵循以往的習慣，把時間切分為每五分鐘一個單位，安排得十分緊湊。

中午他會簡單用個午餐，通常都是最愛的起司漢堡，尤其是麥當勞的大麥克。雖然以他世界首富的身分，跟速食店的平價餐點十分不相襯，但他從年輕時，就對飲食沒有太多的執著與要求。

而且因為他慈善基金會的業務遍及全球，經常需要搭飛機前往世界各地，有不少時間得花在差旅移動，所以他也不想浪費寶貴的時間在用餐。午餐結束後，他會繼續埋首在工作堆裡，直到下班回家吃晚餐，餐後自己動手洗個碗，每天平均保持著約七個小時的睡眠時間。

每到週末，蓋茲會約朋友們一起玩他最喜歡的橋牌。雖然年輕時因為有強烈的競爭心，非得在橋牌上爭出個勝負不可，難免為此玩到徹夜通霄，但現在蓋茲已經不會花這麼多時間在橋牌上。又儘管如此，橋牌至今仍是蓋茲最重要的休閒娛樂。

不論有多忙，他一定會保留閱讀的時間。因為從他年輕開始，就已經是個重度閱讀者，他甚至還有一間自己專用的私人圖書館。這間私人圖書館內的館藏相當驚人，收藏有全世界唯一僅存的李奧納多・達文西（Leonardo da Vinci）手稿。在蓋茲還是微軟經營者時，他的休假就常常拿來作為閱讀之用。而且他對旅行絲毫不感興趣，與其出遊，他還寧可將假期全部花在閱讀上。

蓋茲為了怕被別人打擾，會刻意斷絕外界的一切聯繫，帶著他的書前往山間小屋，待上一整週來滿足閱讀的欲望。每當看完一本書，蓋茲還會將自己的閱讀感想，寫在部落格上與大家分享，而且這個部落格相當具有影響力，無論是什麼類型的出版品，只要獲得蓋茲的高分評價後，銷售量就會立刻暴增。

蓋茲在工作時有寫筆記的習慣，無論是創意發想或是經營規畫，他全部都要寫下來。這可能跟他年輕時的工作習慣有關，因為在他還是工程師時，他就會先在筆記本上把軟體的結構畫出來，才開始動手寫程式。

有一位ＩＴ產業的先驅蓋瑞．基道爾（Gary Kildall），比蓋茲更早踏進這個產業領域，在技術水準上也比蓋茲領先很多，但基道爾是位典型的理工科人物，只著迷於技術本身，他甚至還說過：「我寫的程式實在是太美了，美到我想將它裱框掛在牆上。」

但相反的，蓋茲透過大量閱讀，不論是人文與商業管理相關的書籍，或是報導新聞、分析趨勢的各類報章雜誌，他都樂在其中。這個習慣讓他除了本身的技術專業之外，還培養出經營管理的專長，終於有機會擊敗對手，讓微軟得以稱霸電腦作業系統的市場，也讓他自己晉身為全球首富。

看完蓋茲的日常生活後，相信大家都會發現他成功的關鍵，跟閱讀脫離不了關係。**閱讀能幫我們開拓全新的視野、體驗不同的世界，對我們人生的格局與幫助，重要性不言可喻。**

10 她會十六種語言，怎麼辦到？

匈牙利語言天才，卡莫・洛姆布
（Lomb Kató, 1909-2003）

出生在匈牙利的洛姆布是全球知名度最高的譯者，也是語言天才、同步口譯的專家、精通多國語言的多語者（Polyglot）。

她除了母語匈牙利語之外，英語、法語、俄語、德語的水準，幾乎達到母語使用者的程度；她的日語、中文、西班牙文、義大利文與波蘭文，還有其他六種語言的精通水準，也都達到可以翻譯與閱讀的程度，能使用高達十六種語言。

不僅如此，根據語言學者的研究顯示，洛姆布是全世界的多語者中，能力最突出的。因為一般人就算再怎麼努力，要能活用三種語言，已經幾乎達到極限。

但她不僅能使用十六種語言，而且是二十歲之後，才開始學外語，甚至大學主修的還是跟語言無關的化學與物理。

她說自己之所以能成為語言天才，主要歸功於正確的學習方法，而這套方法，她也在自己的著作中分享給大家，以下就摘要部分內容：

・每天花十分鐘的時間說外語，並且逼自己用外語思考。最好是利用早上的時間，效果會更好。
・要是覺得厭煩，就不要勉強自己，但也不要就此放棄。
・缺乏動力時，就改變學習方式（例如把閱讀外語，改成聽外語廣播）。
・試著將所學的語言活用於日常生活中，例如看到街頭的招牌或廣告時，可以試著翻譯或解釋。
・不要從文法開始學，要從語言中發現該語種的文法規則。

這些摘錄重點，不只能用來學習外語，在其他領域也適用，大家不妨多試試。

11

光知道還不夠，你得會用

香港武打巨星，李小龍
（1940-1973）

香港的武打巨星李小龍，曾主演過《猛龍過江》、《死亡遊戲》等電影，而他吸收中國傳統武術並加以融會貫通，自創出一套截拳道的功夫，也在西方世界發揚光大。

雖然他年僅三十二歲就意外過世，但他至今仍是好萊塢影視圈的傳奇人物，就連知名導演昆汀所執導的《追殺比爾》，主角形象也模仿李小龍，穿著他招牌的黃色緊身衣。

李小龍是如何奠定他武術界國際巨星的地位？主要他是第一個將東方武術帶進西方世界的演員。儘管以他當年所演出的電影來看，或許稱不上是什麼優質的作品，但他在電影中的帥氣形象，讓全世界的男性們從此對東方武術著迷不已。

據說他在拍攝《龍爭虎鬥》這部片時，為了講究場景逼真，特別找來一群平日都在街頭逞凶鬥狠的幫派分子，邀請他們一起演出。這些見識過大風大浪的打架專家，在體驗過李小龍的功夫實力後，也相當佩服他，願意全力協助拍攝。

而從李小龍所留下來的一些影片紀錄中，我們可以發現他的拳腳動作，快到連肉眼都幾乎無法跟上，連曾經跟李小龍練習過的對手也說過：「李小龍的踢擊，即使是隔著軟墊護具，威力也大到讓人像是被車撞一樣。」

許多演員可能為了要追求演出效果或是拳腳動作的好看，所以開始練習武術，但李小龍則是為了推廣武術，才踏入影壇。所以他在好萊塢闖出名號之後，也開始向西方世界傳授他的武術概念。

對李小龍來說，一些畫面上不起眼的武術動作，其實都有很深刻的內涵。而且武術不只是表面上的攻防對打，還必須理解武術的理論、應用與策略，才能完整的內外兼修。

像是「在對戰中，要怎麼樣才能快速壓制對方？」、「要加強鍛鍊哪些部位，才能讓自己就算被對方攻擊，也能把受到的傷害控制在最小程度？」這些問題如果單單只是練習動作，是無法獲得解答的，需要更廣泛的思考與閱讀。

所以李小龍在家中特別規畫出兩個空間，一個是練習室，他會在這裡進行重量訓練與各種武術練習。而另一個空間則是研究室（書房），他會在這裡花上許多時間學習各種與武術相關的知識或理論，為他的武術體系尋找答案。包括如何攝取正確營養、如何將重量訓練應用在武術練習上等。

畢業於美國華盛頓大學（University of Washington）哲學系的李小龍，也憑藉著自己對於武術的理解與體悟，發展出屬於自己的一套武術哲學，包括：

「光知道是不夠的，要能實際運用才行；光懷抱希望是不夠的，要實際去做才有可能達成目標。」

「成功的戰士，只是一個可以高度專注的普通人！」

「恐懼來自於未知。當我們能更加了解自己時，就能消除內心的恐懼。」

「要追求幸福快樂，但不能僅滿足於此。」

從這些名言金句之中，我們不難發現，李小龍之所以能被眾人所崇拜，不只因為他是國際武打巨星、更因為他也是一位講究理論與實踐的武術家，身體力行的以東方武術哲學來鍛鍊精神與肉體，才讓他能超越一般武打演員，成為一代宗師。

當我們也有某些終生追求的課題時，不妨學學李小龍，從兼具理論與實踐的方法來著手，一定會有所收穫。

12
李嘉誠怎麼學英文？看電視

香港企業家，李嘉誠
（1928-）

香港企業家李嘉誠，曾經幾度登上亞洲首富寶座，二〇一三年更躋身全球富豪排行榜的第八名，此後連續多年，都是全球富豪排行榜上的常客。

他早年從香港發跡，後來旗下的事業體遍布整個大中華區域，不僅蓬勃發展，更是獲利豐厚。雖然近年來，他因為出脫手上在中國的投資事業與資產，被人說是「看衰中國，打算要脫亞入歐」，甚至引起了中國官方的注意，但這項消息並沒有得到他本人的直接證實。

李嘉誠在一九二八年時，出生於當時還是英國殖民地的香港，雖然英文是當時香港的官方語言之一，但整個香港英文好的人並不多，連李嘉誠也不例外。但李嘉誠認為香港是個國際化的都市，擁有英文能力對於人際關係與情報取得等方面，都會很有幫助，所以就算英文不是他的母語，他也在成年之後，很積極的從零開始培養自己的英文能力。

據說他會預錄電視上所播的外語節目，然後一邊看著字幕，一邊大聲朗讀，就這樣靠著苦練的功夫，終於讓李嘉誠擁有超越一般人的英文程度。而且就算他現在年紀已經非常大了，他仍然維持著每天下班後練習英文的生活習慣。

約在一九八〇到一九九〇年代左右，曾經有人預測「因為德國的科技發展，將使德語成為未來全球外語的主流」，但直到現在，這件事情始終沒有發生。只有英文因為電腦科技及網路普及的緣故，其國際通用語言的地位始終盛行不墜。

不僅越來越多人能夠流利的使用英文，就連網際網路上，也以英文的資料量最為龐大、可信度也較高。

看到李嘉誠學習英文的例子，許多已踏入職場的讀者們應該會很有感觸，相信大家都知道，離開校園以後才開始學習英文，是一件多麼困難的事。但是大家千萬不要抱著「反正我沒在國外長大、沒在國外生活，就算不會英文也沒有關係。而且都這把年紀了還要學英文，未免也太讓人為難了吧！」的想法。

請試著向李嘉誠看齊，就算每天都只有一點點的進步也無妨，只要能持續練習，就能發現學習的樂趣，英文能力也會越來越好。當我們學會英文之後，英文就會幫我們打開一條道路，通往母國之外的廣闊世界。

13

讀書可以創造英雄，英雄可以改變歷史

法國軍事家，拿破崙
（Napoléon Bonaparte, 1769-1821）

拿破崙是法國歷史上知名的統治者之一，他在法國大革命的後期，以英雄之姿，憑藉著卓越的謀略與戰術，在戰場上所向披靡，一度幾乎要占領整個歐洲。

拿破崙曾多次在以寡擊眾的戰役中取得勝利，其中幾次敵軍還以倍數規模占有極大的優勢，但拿破崙總是能靈活調度手上僅有的兵力，集中攻擊敵軍弱點。先在小規模的地區中取得勝利，再步步進逼侵蝕敵方陣營，最終讓敵軍嘗到潰敗的戰果。這種單點突破的戰略，敵方難以發現，等到敵方勢力回過神來，整個歐洲已經幾乎都要落入拿破崙的手中。

拿破崙的一生都受到閱讀的極大影響，包括他下定決心要從軍，是因為小時

候讀了《希臘羅馬名人傳》（*Parallel Lives*）後，把亞歷山大大帝（Alexander the Great）、凱撒、漢尼拔（Hannibal）等英雄人物，當成是自己人生的典範，才為此踏上軍旅生涯。

而他在擔任少尉時，就開始廣泛閱讀古今中外各種戰略與戰術的相關著作。又因為他的作戰風格與《孫子兵法》有許多共通點，所以許多人也懷疑拿破崙曾經閱讀過《孫子兵法》這本全世界最古老的兵法書。

但不容否認的是，拿破崙用兵如神的原因，確實跟他平常有大量閱讀的習慣有關。愛書成痴的他，甚至連出兵遠征時，都要用馬車載著大批書籍陪他上戰場。每當戰事持續的時間較長，拿破崙也會準備更多的書在路上閱讀。據說他當年遠征埃及，在僅僅維持四週的戰役中，就帶了超過一千本書在身邊。

像這種在征途中不只準備武器、物資，還帶著移動圖書館的習慣，一直到他的英雄神話破滅、因為戰敗被流放才告中止。所以說拿破崙的人生，是由戰爭與閱讀所構成，真是一點都不為過。

拿破崙不分時間、地點與場合，只要一想到，隨時都能拿起書本翻閱，就連在軍營或馬背上也不例外，而且只要書一看完，他就會隨手丟棄。而拿破崙所看的書籍種類雖然廣泛多元，但多跟軍事或統治有關（十分貼近他的工作內容），包括轟炸原理、斯巴達戰術、埃及歷史、英國歷史、氣象學、天文學跟《君主論》（*The Prince*）等。

儘管後世有人批評，認為拿破崙為了登上皇位，將整個歐洲都捲進戰火之中。但他也為人類留下巨大的貢獻，以他所頒布的《拿破崙法典》來說，不僅確立了自由、民主的概念，更奠定了近代法律體系的重要基礎。現在我們常說的所有權概念、契約自由原則、過失責任等，都出自於此。

想當初，拿破崙如果沒有閱讀的習慣，今天歷史上就不會出現這個重要的角色。所以**讀書可以創造英雄，英雄可以改變歷史，哪怕我們不是英雄，也無法改變歷史，但至少透過閱讀，可以改變自己的人生。**

14

好好對待自己的身體

「花蝴蝶」，瑪麗亞・凱莉
（Mariah Carey, 1970-）

一九九〇年代引領西方流行音樂的天后凱莉，曾經以十九首全美冠軍單曲，穩坐排行榜女歌手的最高紀錄。

一般大眾對她的印象，是凱莉對於自我的要求相當嚴苛，她不僅為了維持體態，只吃挪威產的鮭魚與酸豆，把這些食物當成是蛋白質的主要來源；每週更有三到四天，會固定到游泳池游泳。

而且她會在床邊擺上二十臺的加濕器，以維持空氣中的濕度，讓她在睡覺時也能養護喉嚨；她還會藉由長時間的睡眠，讓自己的精神與體力都維持在最佳狀態。如果遇到舉辦演唱會的前夕，就寢時間更會提早到下午三點，以應付演唱會的大量體力消耗。

這些生活習慣對於一般人來說，根本就是矯枉過正。但凱莉深刻體認到身為歌手的使命，就是完成一場沒有瑕疵的演出；而讓自己的嗓音維持在最佳狀態，則是她的責任與義務。萬一自己在演唱會之前，沒有保養好嗓子，那不管之前曾經投入過多少努力，也都成了白費。

所以她絕對不放過任何一個小細節，在每一處環節都強迫自己要嚴格執行。這是凱莉對自己身為歌手與表演者的覺悟，一般人如果不是從事相關行業，也不用特別模仿她的行為。

但她嚴以律己的堅持，則不分行業與身分地位都適用，不論你從事什麼工作，都應該要好好對自己的健康狀況或工作表現負責。例如你覺得自己的身體，好像有什麼地方不對勁，就應該要特別關心、調理。冬天容易感冒的人，就要注意保暖；喝酒會有不適感的人，在聚會或應酬時，也要避免飲酒。

不論是因為什麼緣故也不論是使用什麼方法，只要能幫助自己變得更好、可以讓自己維持在絕佳狀態，就不用在意別人的眼光。

就像西洋流行樂壇的嘻哈饒舌天王阿姆（Eminem），他睡覺的習慣就是要全黑，不能透進半點光，所以他的窗戶貼滿了錫箔紙，還用厚厚的窗簾蓋住外面的光線。旁人或許覺得很詭異，但只要是自己適合也習慣的方式，管他旁人怎麼說！

15

利用錄影機側拍自己

《黑暗騎士》主演，希斯・萊傑
（Heath Ledger, 1979-2008）

知名影星萊傑，曾主演過《黑暗騎士》（*The Dark Knight*）、《斷背山》（*Brokeback Mountain*）等經典作品。尤其他在蝙蝠俠系列的《黑暗騎士》中，飾演邪惡瘋狂的反派角色小丑，其精湛演技為他贏得了當年的奧斯卡最佳男配角獎。

對於萊傑而言，演戲不只是一份工作，更是人生中不可或缺的一部分，所以他常常拿著錄影機，記錄自己每天的日常生活，並且從這些記錄的影片中，確認自己在鏡頭下的狀況與表現，藉此磨練演技。

他還會把劇中的角色投射到自己身上，讓自己與扮演的角色融為一體，追求能在觀眾面前完美表現出劇中角色的形象與神韻。只可惜相比於萊傑對演出的熱情，他在精神上所承受的壓力也非常大，以至於在拍攝《黑暗騎士》的過程中，因為個人的心理問題，在還沒親眼看到該片上映前，就因為濫用藥物而猝逝。

但是萊傑使用錄影機記錄自己日常生活的習慣，一般人如果有機會也應該要嘗試看看。畢竟我們除了學生時代的作業需要，或是人生中的重要大事，例如結婚典禮等，很少有機會能用其他人的視角觀察自己，如果不刻意做這件事，幾乎沒什麼機會能看到自己在別人眼中的形象。

一旦你願意用這種方法觀察自己，就會發現原來自己在別人眼中的樣子，跟你所想像的有不少落差。就有某個日本綜藝節目曾做過類似企劃，他們找來一位常被家人提醒說「該減肥了」的家庭主婦，然後拍攝始終不為所動的她，再讓她看看影片中的自己，她才驚醒過來，終於願意開始認真減重。

利用錄影機側拍自己，讓我們可以藉此認清自己的形象與口語表達，並有機會加以調整，對於職場或生活上能更受到別人關注，是很有幫助的練習。

16

記錄每一筆小支出

美國石油大亨，約翰・洛克斐勒
（John Rockefeller, 1839-1937）

現代人聽到世界首富，許多人會想到的可能是比爾・蓋茲，但在人類有史以來，第一位有紀錄的億萬富翁及全球首富，則是美國的石油大亨洛克斐勒。他幾乎壟斷了全美的石油市場，而在一九三七年時，他藉此所賺取的資產財富，如果換算成現在的市值，足足有比爾・蓋茲的三倍之多。

富可敵國的洛克斐勒，就算他的總資產已經高達美國當時一整年GDP的一・五％，但他還是會在每晚睡覺前，仔細把一整天的所有消費明細，一一詳細的登錄在帳簿裡，甚至記帳單位還小到美元的分。

這個習慣他終生奉行不悖、未曾間斷，據說帳簿裡還包括他在婚前送給妻子每一束花的購買金額。

雖然大家所認識的洛克斐勒是石油大亨，但他其實是從貿易公司的會計助理起家，他在會計職務上認真投入、努力學習，並從會計業務中了解公司的運作與營運狀況。

他也相信，就像家計支出一般，只要認真對待企業的每一筆收支與帳務，就能準確掌握資金流向。他更把會計職務上的經驗活用在石油產業中，而且他特別關心石油運輸的成本，也為此預作準備，因而獲得巨大的回報。所以一般人都認為，洛克斐勒的巨大成功，跟他常年所養成的記帳習慣，有很密切的關係。

回顧這個記帳的習慣，從洛克斐勒的母親給他一點點零用錢開始，他就每天持續記帳，直到他有小孩後，他也讓他的孩子們培養每天記帳的習慣。

雖然我們不是像洛克斐勒一樣的大富豪，但日常消費已經是我們生活中不可或缺的一環，如果能確實記錄自己的金錢流向，時時關注自己的消費傾向，就能透過帳務的紀錄，客觀分析自己的性格與生活方式，進而達到節約或儲蓄的效果。像我有個朋友，單單只靠養成記帳的習慣，就讓自己的日常支出減少了三〇％之多。

而且現在養成記帳的習慣，並沒有想像中的那麼困難，完全不用一筆一筆的寫在帳簿上，只要拿出智慧型手機、打開記帳App，就可以達到每日記錄消費的效果，甚至還可以透過網路銀行簡單查詢即時的信用卡消費紀錄。除非你完全不想知道，不然觀察自己的每日收支，可是一點都不難喔！

17 記憶力是可以後天培養的

以色列作家，艾朗・卡茲（Eran Katz, 1965-）

歷史上有許多被稱為天才的知名人物，都有著記憶力過人的特徵，例如科學家馮紐曼或是奇異公司（General Electric）的前執行長傑克・威爾許（Jack Welch）等，尤其威爾許的驚人記憶力，可以把整家公司的業績與財報數據等資料，全部都記在腦子裡。

而像是華納集團（華納通訊〔Warner Communications〕，後來與時代雜誌合併為時代華納，被AT&T集團收購後，目前又獨立分拆出來，成立華納媒體〔Warner Media〕）的創辦人史蒂夫・羅斯（Steve Ross），他所為人稱道的特殊才能，也是「不論多複雜的交易，他都能靠著過人的記憶力，在腦海中完成整個計算過程」。

但是過人記憶力可不完全是與生俱來的天賦，經過科學研究證實，透過後天養成的方法，也能培養出超強的記憶力。下面就來介紹一位記憶力專家分享給大家的方法。

出生在以色列的作家艾朗．卡茲，是記憶力金氏世界紀錄保持人。他能做到只聽一次，就把五百位數的一串數字完整無誤的背誦出來。

在他許多關於記憶力的演講場合中，卡茲會讓現場的觀眾們隨機念出一組數字或是單字等，然後用他驚人的記憶力，毫不遲疑的依序默寫在白板上，而且完全正確無誤。

更驚人的是，他還有辦法對調次序，倒著從最後一位默寫回去第一位，完美做到倒背如流的境界，讓演講現場整個沸騰起來。由於現場民眾所提供的數字或單字，彼此之間沒有任何關聯也不具任何意義，要依序記下來幾乎是不可能的事。

而猶太裔的卡茲，他憑藉的方法，就是猶太傳統的智慧，並加上他自己開發出來的技巧，才能達成這項不可能的挑戰。

卡茲使用的希伯來字母代碼，是一種將數字轉變成字母符號的記憶法。每一個數字都有相對應的字母，再把這些字母組成一段有意義的文字，用來記憶。

此外，如果要記住某個人的長相，卡茲也會搭配第一次見面的場景來輔助記憶，例如跟某個人是在海邊休假時遇見的、跟某個人是在傾盆大雨中相遇的、而某個人深夜上班的姿態讓人記憶深刻等。

這種做法的好處是，如果我們只單純記住對方的長相，只要經過一陣子沒見面，就會忘記這個人是誰，然後開始回想「我們曾經見過面？」、「是在哪裡見面的？」、「見面時有過什麼互動？」等。

如果能在第一次見面時，把這些場景資訊一起記下來，當改天又在其他場合碰面，藉由這些原先記下來的場景，所有跟這個人有關的資訊都會一併回到腦海裡。

但卡茲也說：「要增強記憶力，最重要的是你真的想要記住這件事。」要先真心的想記得，再使用上面所說的那些技巧，才能真正有效提高記憶力。

隨著現代科技的發達，有些人可能會覺得，用智慧型手機或各種數位裝置來幫忙記憶就好，不然就是等到要使用時，再用網路搜尋即可，不需要靠著記憶力硬背下來。

但有些場合，不是隨手就能拿到手機或各種數位裝置，例如「面試時，絕對必勝的技巧」，像這一類的內容如果不事先記下來，難道要在面試官前面才拿起手機來搜尋嗎？如果是這樣，相信等你查到之後，連想用的機會也不會有了。

結語
破解生活駭客技巧，人生開外掛

在大部分的電玩遊戲中，多半會藏有一組測試作弊碼（Cheat Key），只要輸入作弊碼或依照特定順序按下某幾個按鍵，遊戲中的角色就會變成無敵狀態，或是有用不完的生命數以及裝備資源等，讓操作遊戲的人可以花最小力氣通關。

這個作弊碼的機制，通常是開發者為了方便遊戲測試所留下來的，並不會公布給一般玩家知道，以免破壞遊戲平衡。

而另一種破壞遊戲平衡的方式則是外掛，可能有某些玩家具有程式設計或網路駭客的能力，會透過某些程式漏洞或駭客技巧來設計遊戲的外掛程式，以降低遊戲難度，讓他們達到其他玩家所無法輕易達成的目標。

不論是利用外流的作弊碼或是使用外掛程式，都不是正大光明的遊戲方式。

而現實人生中，也有可以輕鬆獲得成功的作弊碼或外掛可以使用嗎？雖然不像遊戲中可以一鍵無敵或按個密碼就道具全滿，但確實流傳著可以幫助我們成功的生活駭客祕訣。

只要能了解這些天才們的習慣，並反覆練習，一天進步一點點，自然就能比那些完全不知道的人（一般玩家），更有機會享受到豐碩的成果。

這本書裡所介紹的生活駭客，都是一般人輕鬆可以辦到的，或許得花上一點意志力，才有辦法不間斷的每天持續，但如果能確實活用在生活或是職場工作中，我們也能像這些菁英或天才們一樣，達到事半功倍的效果。

這本書的完成，要特別感謝「Subarusya出版編輯部」吉本龍太郎的大力協助，能把聊天時的靈感「是哪些習慣，幫助這些天才們獲得成功」，變成一份完整的企劃並出版成一本書，真的是一件非常令人開心的事。

此外，也要感謝幫助這本書編輯製作、物流運送與行銷販售的工作人員們；當然，更要衷心感謝每一位願意拿起本書的您。

國家圖書館出版品預行編目（CIP）資料

每一天都拉開差距：生活駭客工作術，凡人變神人，創造驚人成果／許成準著；方嘉鈴譯.
-- 初版. -- 臺北市：大是文化有限公司，2021.10
288面；14.8×21公分. --（Think；221）
譯自：1日ごとに差が開く 天才たちのライフハック
ISBN 978-986-0742-70-1（平裝）

1. 成功法 2. 習慣

177.2 110010838

Think 221

每一天都拉開差距

生活駭客工作術，凡人變神人，創造驚人成果

作　　者／許成準
譯　　者／方嘉鈴
責任編輯／江育瑄
校對編輯／連珮祺
美術編輯／林彥君
副 主 編／馬祥芬
副總編輯／顏惠君
總 編 輯／吳依瑋
發 行 人／徐仲秋
會　　計／許鳳雪
版權專員／劉宗德
版權經理／郝麗珍
行銷企劃／徐千晴
業務助理／李秀蕙
業務專員／馬絮盈、留婉茹
業務經理／林裕安
總 經 理／陳絜吾

出 版 者／大是文化有限公司
臺北市 100 衡陽路 7 號 8 樓
編輯部電話：（02）2375-7911
購書相關資訊請洽：（02）2375-7911 分機122
24小時讀者服務傳真：（02）2375-6999
讀者服務E-mail：haom@ms28.hinet.net
郵政劃撥帳號 19983366　戶名／大是文化有限公司

法律顧問／永然聯合法律事務所
香港發行／豐達出版發行有限公司 Rich Publishing & Distribution Ltd
香港柴灣永泰道 70 號柴灣工業城第 2 期 1805 室
Unit 1805, Ph. 2, Chai Wan Ind City, 70 Wing Tai Rd, Chai Wan, Hong Kong
電話：（852）2172-6513　傳真：（852）2172-4355
E-mail：cary@subseasy.com.hk

封面設計／林雯瑛　內頁排版／思思
印　　刷／緯峰印刷股份有限公司

出版日期／2021 年 10 月初版
Printed in Taiwan
定價／新臺幣 360 元（缺頁或裝訂錯誤的書，請寄回更換）
I S B N／978-986-0742-70-1
電子書ISBN／9789860742848（PDF）
9789860742862（EPUB）